ＦＰ陵子の相談所

貯めるお金、使うお金

石森　久雄

もくじ

第１章　人生を楽しく生きよう

雨の熊本

平成14年10月、羽田発16時30分ＡＮＡ熊本行きは、日曜日のためか満席となっており、最後部の座席であったが、団体客の賑やかな会話で眠ることもできない。

熊本空港上空にさしかかると、雨で視界が悪くオートに切り替える旨の機長のアナウンスがあった。

定刻の到着時間18時10分を少し回っていたが、空港ロビーはさほど混雑もなく、目印にしていた白い封筒を手にした若い行員を探すのに、時間はかからなかった。

「中川です。お休みのところをお出迎えいただき有難うございます。だいぶお待ちになりましたか」

と声をかけると行員も「いいえ５分ほどです。お疲れさまでした」と軽く会釈を交わした。

中川陵子は61歳のファイナンシャル・プランナーで、最近新聞や雑誌などにでる機会も多く、各地の消費者生活センターや、企業などの依頼による講演も多くなっている。

今日は熊本の地方銀行である熊本朝日銀行の招きで、一般の顧客を対象とした「賢い資産運用」と題した講演を依頼され、熊本にやってきた。

10月もまだ初旬であり、日が暮れるのは東京よりも少し時間が遅いと思っていたが、小雨のためか、あたりはもうすっかり暗くなっていた。

渋滞もなく、スムースに車は流れていた。40分ほどで熊本ホテルキャッスルに着くと、ロビーには翌日の打合せを行うため太田営業部長、内村課長がすでに待ち受けていた。

若い行員は、

「私、これから用事がありますので、これで失礼させていただきます。明日はよろしくお願いします」

と挨拶し、そのまま車を走らせて行った。

太田営業部長はホテルの1階フロアーの奥にある「銀杏」と看板のかかった和食の店に陵子を案内して、

「この銀杏というのは、熊本城は別名銀杏城とも呼ばれているところから付けた屋号なのですよ」と看板を指しながら説明した。

奥の和室に案内され、内村課長は出されたおしぼりで手を拭きながら、

「先生のお名前はよく新聞でお目にかかります。先週日曜日の日経新聞でも、お目にかかり

ました」

「そうでしたね。しかしお話したことがどのように書かれているか、新聞の場合は実際に見るまでは不安なのですよ。雑誌と違って原稿の確認ができないでしょう」

続けて陵子が聞いた。

「新聞や雑誌に対して皆さんはどのように考えていらっしゃいますか」

「というと」

と内村課長が怪訝な顔で聞き返した。

「新聞や雑誌は読者が注目しているでしょう。みなさん、その記事によって同じように行動をとります」

「そうですね。株式でも良いニュースがでれば皆が買いに回り、株価が上がるからね」

と太田営業部長も相槌を入れている。

「ニュースによって市場に買い物、売り物が殺到します。そのような時は様子を見ることも大切なのですよ」

「そうなんです。後で後悔するときがありますね」

「先日の記事のようにチョットした文章で名前が出るだけでも、取材に1時間から2時間費やすのですよ」

と中川陵子は新聞に記事が掲載される様子を説明した。

内村課長が運ばれてきたコップにビールを注ぎ、３人でグラスを上げて乾杯し、太田営業部長が音頭をとった。

「それでは、明日の予定について、食事をとりながら打ち合わせをしたいと思います。今お話の出ました新聞の読み方について、明日の講演の中で少し触れていただけると、ありがたいのですが」

「そうですね、新聞の読み方も大切ですね。お話してみましょう」

さらに太田営業部長は、

「最近株価の下落によって、投資信託の基準価格が下落しているため、お客さんの不満が多くなり、店頭での応対に苦労しています」と続けた。


➡「投資信託の基準価格」について説明します。

基準価格とは、投資信託の値段です。投資信託に組み入れている株式や債券などすべて時価評価し、債券の利息や株式の配当金などの収入を加えて資産の総額を算出します。そこから運用に必要な費用などを差し引いて純資産額を算出し、それを受益権の口数で割って算出したものです。


「しかし、私も銀行で投資信託を買いましたが、株価下落によるリスクの説明はくどいほどしていましたよ」

　内村課長が言った。

「リスクの説明を聞いていても、実際に基準価格が下がると、心配になるのでしょう。そのような点についても、投資信託の投資のあり方ということで少し触れてみることにします」

「そうして頂けると助かります」

　講演の打合せも済み、しばし歓談し、熊本を代表する郷土料理の馬さしに舌鼓をうちながら、ビールの心地よい酔いに時の過ぎるの忘れてしまった。

霊巌洞

　翌日は雨も上がり、午後の講演までタクシーで市内見物をすることにした。

　通りすがりに夏目漱石が４年３か月滞在し、五高（現在の熊本大学）で教鞭を執っていた時の住居を見たが、

「夏目漱石が熊本に滞在していたことは、意外と知られていないのです。県ではもっとＰＲをしなければいけないです」

とすこし興奮気味に運転手が話しかけてきた。

「そうですね、私も漱石が熊本に4年も滞在していたことは知りませんでした」

「これから訪ねる霊巌洞までの途中にも、漱石ゆかりの場所がありますので、ご覧になるとよいです」

そのようなことを話している間に目の前に熊本城が見えてきた。

37年ぶりに見る城の記憶はすでになく、大規模な櫓の修復工事があちこちで行われていた。

「写真を撮る場合には、加藤神社の入口のところが最高です」

と加藤神社の入り口に車を回してくれた。

加藤神社（加藤清正が奉ってある神社）は熊本城のすぐ隣にあり、すでに観光客がその場所で写真を撮っていた。

タクシーを降りてその加藤神社の入り口から熊本城を眺めると、確かに城と周りの櫓のバランスが実によく取れている。

再びタクシーに乗って熊本市内から遠ざかり、家並みがだんだん消えていくと、ようやくオレンジ色に色づいてきた河内のみかん畑が、タクシーから手を出せば届きそうな高さに鈴なりになっている風景が目の前に広がってきた。

「河内は有明海に近く、温暖な気候なので、みかんの栽培に適しています。熊本の特産にもなっています」

「シーズンになれば、みかん狩りなどで賑わうのでしょ」

「そうですね、みかん狩りをするところもあるので、賑わいますね」

タクシーの運転手と会話をしつつ、みかん畑を眺めながらしばらく走ると次第に山道となり、熊本市内を一望できる峠に出た。

「ここは見晴らしの良い場所です」

と運転手は車を止めてくれた。

タクシーを降りて大きく背伸びをしながら、小高い丘の上に霞んだ熊本城と右手に見える金峰山をしばし眺めた。陵子が、

「お城と言うのは、やはり高い場所に築くものなのですね」と話すと、

「そうですね。このように遠くから眺めると、よく分かりますね」とタクシー運転手。

さらにタクシーで先に進むと、行き交う車もほとんどなくなり、道幅も狭くなった山間の道を左に右にカーブしながら昇り、また下ったりを繰り返しながら熊本県・市指定史跡名勝の五百羅漢、霊巌洞に向かった。

峠のところどころに「2003年NHK大河ドラマ宮本武蔵」の横断幕が見られ、

「ドラマが始まるとこの静かな峠も、大勢の人や車が押しかけるようになる」

と運転手は嬉そうに話していた。

「この道は夏目漱石も歩いたようで、小説『草枕』にでてくる峠の茶屋があれですよ」

と指を差して一軒の古びた茶屋を教えてくれた。

五百羅漢は安永8年（1779年）熊本の商人淵田屋儀平が24年の歳月をかけて奉納したものといわれ、座して前を向いているものや、首をかしげたりしているものなど、どれひとつとして同じ表情のものはなく、また知人に必ず似た顔があるとも言われている。

しかし永い歳月により首が欠けたり、転がり落ちてさかさまになっていたり、荒涼とした時代の流れをつくづく感じさせる状況である。

霊巌洞は剣豪宮本武蔵が「兵法五輪乃書」を書き著した洞窟と言われ、その前にある武蔵が座禅を組んだ岩といい、神秘的な雰囲気をかもし出している。

霊巌洞の入り口には武蔵の肖像画と直筆といわれる墨絵が展示してある。また、この霊巌洞は平安時代の女流歌人、桧垣も日参したといわれている。

その後もと来た道を戻ることにしたが、タクシーの運転手が、

「お昼はどこか予定されているのですか」

と聞いてきた。

特に決めていないと答えると、

「この先にダゴ汁定食という峠の茶屋があるのですが、おいしいと評判ですよ」

と教えてくれた。

来る時には気が付かなかったが、「ダゴ汁定食」と書かれた旗が風に揺られ、いかにも峠

の茶屋にふさわしい感じの店が前方に見えてきた。

車が3台くらい駐車できるスペースの駐車場に車を止め、昼食には少し時間が早かったが、入ってみることにした。

食堂の入口を入ると靴を脱ぎ、渡り廊下となっていて、一段上がった右手に座敷があり、テーブルがいくつか置かれ、ゆったりと20人は座れる広さである。

昔風の木目の四角い火鉢が中央においてあり、天井には一風変った装飾が施されている。店内にはまだ客はいなかったが、定食の出来上がりを待っている間に60代の年配と思われる女性の二人づれが入ってきて、「ダゴ汁定食」を注文していた。

「ダゴ汁」とは、うどん粉で練ったダンゴで、戦後はやった「すいとん」と同じであるが、具がたくさん入っていて、ダンゴもしこしこしてなかなか美味であった。

厚生年金会館

30分前に会場となっているウエルシティ熊本（厚生年金会館）に到着すると、

「昨晩はありがとうございました。市内の見物はいかがでしたか。会場は3Fの鳳凰の間です。もう満員となっていますよ」

と笑みを浮かべながら太田営業部長が近づいてきた。

「ありがとうございました。今日はのんびり市内見物をさせていただきました」

「まだ少し時間がありますので、お茶でもいかがですか」

「そうですね」

一階のフロアーが食堂と喫茶になっており、相当混雑していたが、場所を確保しておいたようで、1つのテーブルが空いていた。

「後ほど3階にご案内しますが、100人収容できる会場は既に満席となっています」

「今日お集まりの皆さんの年齢はどのようでしょうか」

「そうですね。30歳代から70歳代と幅広く、男性よりも女性の方が多いですね」

「どこの会場でも、日中の講演会は女性のほうが多いようですね」

中川陵子の話し方はゆっくりと、しかもはっきりした口調で、やさしく語り掛けるように話すため、どこの会場でも評判がよい。

今日も明るく透き通る声で話し始めた。声に張りがあり、若々しい声はマイクを通して会場に響きわたっている。

「皆さん。老人のマル優制度の廃止や、ペイオフの凍結解除、証券税制の改正などが相次いで行われましたが、これら一連の制度の変更は何を意味しているのでしょう。

マル優が廃止されたことによって定年退職後、年金生活をしている方は、これからは利息で生活ができなくなってしまう、といつまでも嘆いていてはいけません。

またペイオフについては1つの銀行に1，０００万円までしか預けておかない、あるいは銀行を分散したからもうこれで資産運用は終わり。

株式投資はしていないから、証券税制の改正は関係がない。

皆さんの中にもこのように思われている方がおられると思います。

しかしこれらの制度改正は、今までの貯蓄奨励政策から、投資奨励政策に国の方針が変ったことを意味しているのです。

貯蓄を優偶していた時代から、投資を優偶する時代に変っていくのです。

間接投資、間接金融から、直接投資、直接金融に変わったのです。

つまりリスクのある商品に投資をする人に対して、できるだけ優偶していこうということです。

今までは銀行や郵便局に、ただ預けておけばそれでよかったのですが、これからは自分のお金は自分の責任で運用して下さいということです。

つまり自己責任ということですね。自己責任とは、自分自身で考えることなのです。

そのためにはしっかりと金融の知識を身につけないといけませんね。

↓「間接金融、間接投資、直接金融、直接投資」について説明します。

間接金融・間接投資とは、会社が金融機関から融資などの形で資金調達をすることを、間接金融といい、金融機関がお金を運用することを間接投資いいます。直接金融、直接投資とは、会社が株式や債券などを発行して投資家から直接資金調達することをいい、投資家が直接投資してリスクを負うことをいいます。

保険会社のセールスマンに言われるままに保険に入ったり、証券会社のセールスマンの奨めるままに証券を購入したりする時代は終わったのです。
投資信託や株式は、皆さんは今日買ったら明日から上がっていくことを期待しています。下がったら困ると言うのです。しかし投資信託や株式は、今日買ったら明日儲かる商品ではありません。投資というのは長い目でじっくりと育てるという考え方が必要です。
景気の好いときと悪いときでは、運用する金融商品が大きく異なります。
景気の悪いときは株式投資や株式投信を、景気の良いときには定期預金や公社債投信など利回りの高い長期の固定金利商品を選択するとよいですよ。

↓「株式投信、公社債投信」について説明します。

株式投信とは、投資信託に株式や債券を組み入れて運用している商品。公社債投信とは、株式を一切組み入れず、国債や社債など債券を中心に運用される投資信託です。（国などの公の債券と事業会社の発行する債券をあわせて公社債という）

しかし現実に運用している金融商品を見ると、皆さん反対にしています。なぜでしょう。

新聞やテレビで国債が「売り切れ」と報道されると、買わないと不安になる。つまり自分だけ他の人と別行動ができないのです。しかし皆と同じに行動していると最後に失敗します。〝人の行く裏に道あり花の山〟という格言をご存知の方もおられると思います。この講師、格言なんか持ち出してなんと古いとお思いでしょう。しかし投資は多分に投資家の心理が影響します。最近、行動ファイナンスという言葉がでてきました。人間の誤りやすさの研究です」

➡「人の行く裏に道あり花の山」という格言について説明します。

この格言は千利休の言葉として有名です。「人西に走らばわれ東に迎え」ともいいます。多数意見や一般のことは数の多い方が正しいとされています。しかし、相場の道ばかりは絶対に少数につけということです。多くの人の逆をいくのが投資の真髄。花見の時に人のあまり行かない裏山に、かえって美しい花の山があるのと同じです。

↓　「行動ファイナンス」について説明してます。

株式投資は、一般に下がった時に買って、上がった時に売る。しかし上がっている時に買い、下がっているときに売ることが多い。行動ファイナンスとは、投資に人間心理を取り入れたもので、ダニエル・カーネマンとバーノン・スミスが考案したプロスペクト理論がノーベル賞を受賞し、注目されるようになりました。

陵子はホワイトボードに、
景気の良かった１９８９年～90年と景気の悪い２００１年10月の比較を書いた。

	景気の良いとき	景気の悪いとき
年代	１９８９年～90年	２００１年10月
株価	３８，９１５円	１０，０００円
公定歩合	６％	0.1％
長期国債利回り	７，１２５％	1.4％
投信残高	58兆円	58兆円
（株式投信）	45兆円	14兆円

（公社債投信）　　　13兆円　　　44兆円

「ちょうど投信残高が過去最高の58兆円に並んだ時点がありましたので比較をしました。景気の良いときに株式投信を買った人は、皆さん元本割れで償還が延長されました。この時点で国債を買われた人は、元本が倍になっています。しかし買われた人はほんのわずかです。これが皆さんの投資の実体ですが、いま公社債を中心に投資していますが、景気が良くなったら結果がどうなると思いますか」

と会場の人たちに問いかける。

「次に、お金というのは、貯めるためにだけあるのではありません。楽しく生活するために使うことを考えましょう。そのためにはライフプランが必要です。

ライフプランとは何かと申しますと、

皆さんが亡くなった後のために、いくら残しておいたらよいのか考えて見ましょう。

例えば葬式代は生命保険があるからよいとして、子どもや孫が4人いたら一人当たり200万円として800万円、相続の資金として200万円を残しておきたいとしたら、1，000万円あればよいのかな。

そして、これから必要になると思われるお金について考えて見ましょう。

家の修理、車の入れ替えなどを見積もると、600万円あればよいかな。

現在の預金や金融商品から、このように必要なお金、目的のあるお金としての1,600万円を差し引いた残りが使えるお金になるわけです。

老後の生活に不安を感じるのは、しっかりとしたライフプランを立てていないからなのです。

使えるお金として国内旅行や海外旅行に出かけたり、海外のロングステイや、クルーズの旅などがあります。また寄付をしたり、趣味にお金をかけたり、様々なイベントをプランに取り入れて、楽しい生活をしたいですね」

最後に、

「これからの時代、親として子供にお金を残すのではなく、お金についての教育を残すようにすべきだと思います」

と締めくくり、途中休憩を入れた2時間30分の講演はあっという間に終了した。

陵子は昨日の打ち合わせのとおり、投資信託の基準価格の下落や、新聞の見方などについても触れ、会場では熱心にメモをとったり、皆真剣に聞き入っていた。

ファイナンシャル・プランナーの多くは、資産運用について貯めることを中心とした講演や執筆をしているが、陵子がファイナンシャル・プランナーとして人気があるのは、プランに基づいたお金の使い方について触れている点にある。

バブルがはじけて以降、10年間に個人の金融資産の合計は1，000兆円から400兆円も増えて、1，400兆円を超える状況となっている。

しかしそのほとんどを郵便局や銀行に預けて使わないため、景気が一向に回復しない。

「大変有意義なお話を有難うございました。これからの時代は金融商品についてしっかりと勉強し、自分自身の責任で運用していかなければなりません。

またお金は預金しておくだけのものではない。人生を楽しく過ごすためのライフプランを作り、余裕資金は有効に使うことも必要、ということがお分かり頂けたと思います。

折角中川先生に東京からお越し頂いてますので、この機会に質問がございましたらどうぞ」

司会者がまとめると、2～3活発な質問もあり、陵子から適切な回答がなされた後、

「時間も超過いたしましたので、この辺で終了させて頂きます。もう一度中川陵子先生に盛大な拍手をお願いします。有難うございました」

最後に陵子が挨拶して、拍手の中を演壇から離れようとすると、個別に質問をしたい人たちが、演壇の周りを取り囲む形で集まってくる。

そこには様々な人生経験を重ね、夕日のように美しく輝いている女性のファイナンシャルプランナー中川陵子の晴れやかな姿があった。

第2章　希望に燃えて

事務所手伝い

陵子がFPの資格を取って間もなく、アメリカの同時多発テロの恐怖がまださめない平成13年10月の始め、娘の昌子が、

「お母さん、ファイナンシャル・プランナーの米山さんからお電話です」

と2階にいる陵子に声をかけてきた。

陵子が電話に出ると、なつかしい米山の声が聞こえてきた。

「お待たせいたしました。中川です。御無沙汰いたしております」

「こちらこそ御無沙汰しております。ところでお電話させて頂いたのは、私の友人のFPから、どなたか来年の8月くらいまでお手伝いのできる方を紹介して欲しい、と依頼を受けたので、中川さんを紹介しておいたのですが、如何でしょうか」

「ありがとうございます。しかし私に務まるでしょうか」

「大丈夫ですよ。ＦＰの事務所で実務を経験することは、中川さんにとって大変有益なことだと思います」

「そうですね。それではお願いしてみようかしら」

「雑誌やテレビでご存知かと思いますが、益田幸子さんです。中川さんと余り年代は違わないと思いますが」

「よく存じております。私と同じような年代だと思います。そのような著名の方のところでお勤めができるのですか」

「益田事務所では、金融を担当しているＦＰが御主人の転勤で、金沢に行っているのですが、来年の8月には戻ることになっているようです。しかし最近相談業務が増えてきたため、その間、金融に明るくて、人生経験の豊富な方を紹介して欲しいということで、中川さんを紹介したら、大変気に入って頂けました」

「金融に明るいなんて、困ってしまいます」

「それでは益田さんに伝えておきますので、あとは直接電話で連絡を取って見てください」

「いろいろとお世話になります。ありがとうございました。早速連絡してみます」

横浜の益田事務所に10月の中頃から勤めることになった。

今までに勤めをした経験といえば、弁当工場でのパートの仕事であり、顧客と接触したり、相談などということはまったくない。

しかしFP事務所に勤めることは、お客さんとの接触もあり大変不安であった。61歳になる益田幸子所長は、女性FPの草分けでもあり、特に保険問題についてテレビや新聞に登場する機会が多く、美しく整った顔立ちは、年齢を感じさせない若さがあり、広く一般の人たちにも知られている。

事務所には不動産販売会社出身の秋山千枝子さん（48歳）と、保険会社出身の鈴木康子さん（27歳）、事務員の安井紀子さん（54歳）の3人の女性がおり、困った場合は面倒を見ていただこう、と腹を決めた。

益田所長が手一杯で出来ない原稿の執筆や講演の依頼を、代わりに秋山さんや鈴木さんが引き受けており、このような事務所で働く陵子にとっては、FPの実践が出来る恵まれた環境と言える。

FPは「お客様の立場にたってご相談にのること」が重要な仕事であり、そのノウハウをよき先輩について学ぶことができることは、陵子にとって不安ではあったが、大変うれしいことであった。

だいたい3年、4年とFP事務所で経験を積んでいき、FPとして独立していく人が多い。陵子も、将来はFPとして独立し、事務所を構えることが夢である。

FP事務所で働く場合、一般に時給800円前後で、待遇としては普通のパート並みではあるが、原稿の執筆や講演など別途収入となる。

しかし何より大切なことは、ＦＰとはどのようなことを実際に行っているのか、またどのような手順で進めていくのか、あるいはその折衝の仕方など、学ぶことがたくさんある。陵子にとっては事務所の経験が、将来の独立するにあたって、大変貴重なものになることは間違いない。


事務所に出勤した初日に、事務所長の益田は陵子に一言アドバイスした。

「中川さん。ＦＰとしての役割は、お客様が自分で考え、判断出来るように、その方法を教えて差し上げることです。そのためにはお客様のお話をよく聞くことが大切です」

「わかりました。ありがとうございます」

と陵子は深く頭を下げた。

過去に2回、自分が客としてＦＰに接したことはあるが、今度は逆である。

お客様から見られる立場である。

お客様がＦＰに何を求めているのか。そのためにはお客様のどこに不安があるのかをよく聴きださなければならない。

お客様は十人十色で、それぞれ違った環境、状況、考え方を持っている。

そのために話しをよく聞くということが、一番大切であるということは、自分自身で相談に訪れているため、よく理解できる。

まさに益田所長のアドバイスは的を得ている言葉であった。

はじめての相談

「中川さん、明日の土曜日、秋山さんが予定している相談業務、生活設計です。すまないけれど代わってもらえる?」

事務所の奥の方から益田所長の声がした。

「はい」と返事をして、所長の方に向かって歩いていくと、

「中川さん、よろしくたのむわよ」と秋山さんから声がかかった。


土曜日の午後である。小さな子供さんを連れた30代の若い夫婦が事務所を訪れてきた。

相談業務はあらかじめ電話で予約があり、1時間1万円の相談料で、2時間までということになっている。

妻が、

「主人は32歳ですが、自分達の年代は公的年金があてに出来ません。老後資金を作るために、

どのように考えたら良いでしょうか」と話し始めた。

このように若い夫婦が老後の心配をすることは、以前は考えられなかったことである。若い世代の厚生年金については、支払った金額に対して将来受け取る年金額が減額する。あるいは現在と同じように受け取るためには、これから支払っていく金額を増額しなければならないとされている。

厚生年金基金や退職金などの企業年金は従来企業が運用していたが、低金利が続いているため運用が難しい状況となってきた。

わが国でもアメリカの４０１ｋ制度を参考に、確定拠出年金制度が施行されたことは第14章でも触れているが、12月にはＨ製作所など大手企業の中に、確定拠出年金企業型を採用するところがでてきた。

また自営業者を対象とした確定拠出年金個人型も、平成14年1月から始まっている。確定拠出年金制度を取り入れる企業は今後さらに増え、将来はアメリカと同様に確定拠出年金が確定給付年金を上回る状態になることも予想される。

日本の学校では、金銭教育や投資教育が行われていないため、金銭についての知識がないまま社会へ巣立っていく。

そのような状況に拘わらず、企業は確定拠出年金制度を採用し、資金運用を従業員に任せていく。

また自営業者や自由業の個人も同じことが言える。
今日、相談に訪れた若い夫婦も、金融に対する知識や関心もなかったため、老後の生活に対して漠然と不安を感じているようだった。
陵子「まず生活に必要なお金、目的のあるお金、その他余裕のお金に分けて考えて見ましょう」
妻「余裕のお金というと、預金に回せるお金ですか」
陵子「そうです。まず毎月の生活に必要な資金はいくらか、そしてけがや病気の時にいくら準備をしておいたら良いかということです」
妻「毎月の生活費は大体分かっているのですが、いざという時にどれだけ準備をしておいたら良いのか分かりません」
陵子「そうですね。私の今までの経験からすると、2か月分もあれば十分だと思います。人によっては3か月分くらい用意しておかないと心配という方もありますが」
妻「わかりました」
陵子「これらの資金はいつでも引き出すことができる、銀行の総合口座などで運用しておくと良いと思います」
さらに陵子が続けた。
陵子「生活設計ということからお伺いしたいと思います。まず生命保険についてお聞きしたいのですが、保険についてどのようにお考えですか」

妻「今日はその点についてもお聞きしたかったのですが、実は私は結婚前から生命保険に入っているのですが、主人はまだ一度も保険に入ったことがないのです。やはり主人も保険に入っておいたほうがよいと思うのですが、どのような保険に入ったらよいのかわかりません」

陵子「保険については、気にされている方が多いのですが、どのように掛けていったらよいのか、お困りのようです。私は子供さんが成長するまで、つまり学校を卒業するまではご主人の保険は死亡保障を中心に掛けることをお勧めします。主人にもしものことがあっても、残された家族が路頭に迷わないようにしておかなければなりません。そして、子供さんたちが学校を卒業するころは、ご主人の年齢もかさむため医療を中心とした保障に内容を変更していけばよいと思います」

妻「そうですね、よくわかりました。早速、保険会社と相談して、死亡を厚くした保障をつけるようにしてみます」

陵子「それから奥様の保険についてですが、どのような保障となっているのですか」

妻「はい。保険証券を持ってきました」

書類入れから保険証券を取り出しながら言った。

妻「保険証券をよく見たことがありませんし、見てもわかりません」

陵子「みなさん同じです。入る時には保険会社の人からいろいろとお話は伺っているのですが、どのような保険に入っているか知らない人がほとんどです」
陵子は差し出された保険証券を見ながら説明する。
陵子「奥様の死亡保障は60歳までは2，000万円、それ以降の保障は500万円となります。そして入院の時には1日3，000円となっています」
妻「そうですか。今まで気にとめて見ていなかったのですが、死亡保証が意外と高く、医療が少なかったのですね」
陵子「奥様に万一のことがありましても、家計がぐらつくわけではありませんね」
妻「はい。専業主婦でわたしの収入はありませんから、影響はありません」
陵子「それでは奥様の保険は死亡より、医療を中心に考えてよいと思いますが」
妻「わかりました。医療を中心とした保障を考えて見ます」
陵子「そうですね、保険料を毎月支出しているので、生命保険も大切な資産運用なのです。保険の掛け方についても注意が必要です」
妻「はい。よくわかりました」
陵子は保険証券を戻しながら聞いた。
陵子「次に家族でいろいろと計画していることが有ることと思いますが」
それまで静かにしていた小さな男の子が退屈してきたのか、大きな声を上げて部屋の中を駆け巡りだした。

妻の方がやっちゃん、静かにしてと声をかけるが、一向にお構いなく飛び回っている。

隣の部屋から事務員の安井さんがお菓子を持ってきて、「面白いテレビをやっているよ」と手を引いて部屋から出ていった。

妻「どうもすいません」と軽く頭を下げる。

陵子「いいえ。小さなお子さんには、退屈です」

妻「そうですね。助かりました。ところで先ほどのお話ですが、家族の計画といいますと、例えば旅行などですか」

陵子「そうです。車を買い替えたり、家族旅行を計画していたりしていると思います」

若いご主人がはじめて聞いてきた。

夫「３年後には車を入れ替えようと思っています。また毎年お盆には九州の実家へ帰っています」

陵子「このように車の購入、旅行など目的に合わせたライフプランが、大変重要となります。そのためには家族全員の夢や希望をしっかりと把握し、計画を立てていきます。例えば子供さんの幼稚園や小学校の入学、おけいこごと、塾など成長に合わせて、どのくらいお金が必要になるかを記入していきます。これがキャッシュフロー表というものです」

と陵子は、横に長い表を若い夫婦の前に広げてみせている。

➡「キャッシュフロー表」について説明します。

キャッシュフロー表とは、ライフプランを作成するときに、現在および将来にどれだけの収入があるのか、また支出面からのチェックなど、いろいろと行事（イベント）を予定しながらお金の流れを表にあらわしたもの。

陵子「パソコンに数字を入れていくと一覧ができます。あとで一通り数字を入力したら出してみます」

夫が質問してくる。

夫「この目的というのは何年くらいまで出していくのですか」

陵子「そうですね。分かっているものはみな記入していけば良いのですよ。そしてたえず見直しをしていけばよいでしょう」

妻も続ける。

妻「家計簿をつけたこともなく、どこのスーパーで安売りしているとか、家計のやりくりは一生懸命していたつもりですが、このように目的意識を持って、その目的に合わせた資金の運用を考える、ということは頭に浮かびませんでした」

陵子「そうですね。必要なお金、目的のあるお金、老後の資金を区別しないで、ただ預金していたと思います」

妻「その通りです」

陵子「これからはお金に目的をつけましょう」

妻「お金に目的って何ですか」

陵子「先ほど必要なお金は総合口座でと、お話しました」

妻「はい。そうでした」

陵子「これがお金に目的ということです。つまり必要なお金はいつでも引き出しが出来る商品にしておくことです。運用の目的と期間によって、具体的に金融商品が変ってくるということです」

さらに陵子が続ける。

陵子「余ったお金、つまり老後の資金は長期間運用します。そのためにはできるだけ収益性を考えて運用することが大事です。しかし収益性が高いということはリスクも高くなります」

妻「リスクのある商品はわからないので、いままでしたことがありません」

陵子「これからもリスクの商品は、購入しないつもりですか」

妻「いいえ。少し勉強してみたいと思います」

陵子「それではリスクのある商品を、どうしたらリスクを軽減することができるか、ということを考えてみましょう」……

陵子にとって、はじめての相談の2時間はあっという間に経過してしまった。

陵子のやさしい問いかけに、夫婦は安心して心を開き、家庭の様子をつぶさに話し、「住宅取得や教育資金、老後資金というはっきりとした目的意識を持つこと、そしてその目的に向かって資金作りを行っていくことが理解できました」

と言って部屋を出ていく時の若い夫婦の明るい笑顔がいつまでも心に温かく残った。

自分自身でライフプランを立て、プランに基づいた金融商品を選択することによって、あなた任せからようやく自立できるのである。

今までのように景気が良かった時には、若い者が将来の年金の心配をするなんて、と笑われるような状況であった。

しかし長引く不況により、国や企業が責任をもって個人の面倒を見てくれる時代は終わったのだ。

若者たちも将来の年金について真剣に考えるようになったことは、自己の責任によって運用しなければならない、と意識を改める良いきっかけを作ったと言える。

陵子は、これからは学校でも、企業でも、家庭でも機会を捉えて、金銭教育、投資教育を行っていかなければならない、とつくづく感じた一日であった。

相続

「先日の相談、好評でしたよ。今週の土曜日、相続の相談が入っているけど、またお願いね」と益田所長から声がかかった。

「はい。わかりました」彩子は二つ返事をした。相続は経験している友達も何人かいるので、話を伺い準備しておこう。

「相続もいろいろなケースがあるので、参考にしたらいいでしょう」と益田所長。

土曜日の午後、相談で事務所に訪れたのは60代の年配の男性であった。
男性「30代の時に一度結婚したのですが、離婚しました。子供はいません」
陵子「現在はお一人で生活しているのですか？」と陵子が会話を続ける。
男性「そうです。40代のころから腎臓を患い週に3回、病院に通い透析を行っています。4男ですが、先祖からの家を継いでいました」
陵子「週に3回の透析は大変ですね」
男性「ええ、現役の頃は会社を早退して病院通いでした」
陵子「4男で家を継いでいるのですか？」

男性「そうです。昭和2年生まれの長男の母親は、長男が幼少の頃病気で亡くなり、父は再婚したため、次男から4男までは長男と違う母親です。

長男は結婚と同時に家を出ました。その後父が亡くなり、昭和12年生まれの次男が結婚して家を継いでいましたが、32歳、子供が5歳の時に亡くなり、次男の嫁は子供と実家に戻りました。

昭和16年生まれの3男は、結婚してすでに家を出ていましたので、昭和18年生まれの4男である私が家を継いで、母親と生活していました。

その後母親が亡くなったため、一人での生活となりました。

私は病弱であり、定年後年金生活をしていますが、そろそろ身の回りを考えないといけないと思い相談にきました」

と男性は、4男だけれど家を継いだ経緯を、ゆっくりと陵子に説明した。

男性「今日は、相続について相談したいのですが、私には、今お話ししたように、子供も親もいません。その場合、財産はどうなるのでしょうか?」

陵子「相続の権利は兄弟になりますが、生存しているのは3男と4男のあなただけですね」

男性「そうです。長男もすでに亡くなりましたが、長男には子供が2人います」

陵子「はい。よくわかりました。財産を相続できる相続人は3男と次男は亡くなっているのでその子供、長男も亡くなっているので2人の子供になります。その場合を代襲相続と言います」

男性「相続について、たいした財産があるわけではありませんが、3男がいろいろな面で私の面倒をよく見てくれているので、甥や姪にではなく、3男に土地、家、預金等の一切を渡したいのです。

実は、長男の嫁はまだ生存していますが、長男の子供に相続の権利があるからと、いろいろと知恵を付けているのではないかと思います。

私は、長男の子に財産は譲りたくないのです。なぜかというと、遠方ならともかく、同じ市内に住んでいますが、長男の嫁は、私の父親が亡くなったときに葬儀にも顔を出さない。後を取った次男の葬儀の時も、母親の葬儀の時も顔を出さなかったのです。もちろん甥や姪もそうです。長男の兄だけが一人出てくるだけでした。当然病院への見舞なども、長男の兄だけでした。したがって、葬儀にも来ないということは、普段でも私に家に来ることはほとんどありませんでした。

しかし、近頃、長男の兄嫁や甥や姪も度々家に来るようになりました。また入院の際にも見舞いに来るなど、明らかに相続の権利を主張したいとのことでしょう」

陵子「わかりました。私の友人にも、親と子供がいなくて、兄弟だけが相続人となった同じようなケースがありましたので参考にお話をします。

それまで仲の良かった兄弟の間にも、嫁さんの知恵が入るため、財産をめぐっては多くても、少なくても争いが起こるものです。世間では、相続のことを「争続」などとも呼んでいます。まさに骨肉の争いとなるようです。

遺言書について知っていれば、と悔やんでいるお友達もいました。

それでは、3男の方が、すべての財産を相続できる方法として、お話を進めます。

まず、遺言書を作成する必要があります。

遺言書を作成しますと、遺留分（法定相続人の相続分）の権利は、兄弟や姉妹には認められていませんので、遺言書の内容にどれだけ不満があっても、兄弟姉妹は遺留分を主張して、遺言の内容に文句をいう事はできません。

相続の権利のある甥や姪が異議の申立をするなど、トラブルが起きないためにも遺言書の作成が必要です」

男性「それでは遺言書はどのように作ったらよいのでしょうか？」

陵子「遺言書には、自筆証書遺言・公正証書遺言・秘密証書遺言の3種類があります。

まず自筆証書遺言についてお話します。

遺言者が遺言書の全文・日付・氏名を自筆し、押印して作成する形式です（平成31年の方改正によって、遺言書に添付する財産目録については自筆しなくてもよいことになりました）。自筆証書遺言は特別な手続きをする必要がないため、いつでもどこでも作成することが出来ます。

遺言書の効力は、遺言者が誰に、何を、相続させるかということです。

土地であれば、所在、地番、地目、地積。

建物であれば、所在、家屋番号、種類、構造、床面積。

預金であれば、銀行、信用金庫、郵便局等の遺言者の名義の預金。

その他、遺言者に属する一切の財産について記しておきます。

遺言執行者の指定、
最後に○年○月○日、住所、遺言者名　押印して終了となります。

なお、注意しておかなければならないことは、遺言書を勝手に開封してはいけません。家庭裁判所に遺言書を提出し、検印を行う必要があるからです」

公正証書遺言についてお話をします。

2人以上の立ち合いのもと、公証人が遺言者から遺言内容を聴き取りながら作成する形式です。公正証書を作成するには、遺言者本人であることを証明するための実印と印鑑証明書を用意し、2人以上の証人と一緒に公証役場に行きます。そして公証人に遺言の内容を伝え、遺言書を作成してもらいます。遺言者が亡くなったら、最寄りの公証役場に行き、遺言書の内容を確認し、相続手続きを行います。

秘密証書遺言についてお話します。

遺言者が作成した遺言を、2人以上の証人と一緒に公証役場に持ち込み、遺言書の存在を保証してもらう形式です。秘密証書遺言は、署名と押印だけ遺言者が行えば、遺言書をパソコンで作成したり、代筆してもらっても問題ありません。遺言書は遺言者自身で保管します。秘密証書遺言も自筆証書遺言と同様、勝手に開封してはいけません。家庭裁判所で検認してもらう必要があります」

陵子の説明に相談者は頷きながら応えた。

男性「遺言書についてよくわかりました。自筆証書遺言書を作成してみます。そして3男に自宅の金庫に遺言書がある旨連絡しておきます。それから金庫の番号も教えておきます」

陵子「そうですね、金庫が開かないと困りますね」

男性「ありがとうございました」

病弱と言っているせいかあまり元気がないように見えた相談者だったが、気持ちが晴れやかになったのか、明るい笑顔で事務所を後にしていった。

➡「遺言書」について少し触れておきます。（相続の手続き）

遺言書の所有者は、相続が始まったら、

まず、家庭裁判所に遺言書検認申立てを行います。必要な書類は、

本人自筆の遺言書（封印された書類・押印しておく）

1　被相続人の生れた時から死亡するまでのすべての戸籍謄本

2　被相続人の父母の出生から死亡までの戸籍謄本
3　相続人の出生から死亡まで
4　代表相続人の戸籍謄本
5　代襲相続人の戸籍謄本
6　法定相続人の氏名、住所、電話番号（裁判所から出頭の連絡をするため）
7　出頭の際に裁判所に持参する物、
8　印鑑（実印でなくてもよい）
9　身分証明書、
10　費用（1，500円）
11　検認

なお、遺言書を勝手に開封してはいけません。家庭裁判所に遺言書を提出し、検印を行う必要があります。

裁判所では、裁判官と助手の2人立会、助手が封筒を開封し、裁判官が遺言書を読み上げ、相続人に文字について、本人の自筆であるかどうかの確認を行います。

遺言書が認められると、裁判所から、この遺言書は○年○月○日検認されたことを証明するという「証明書」が発行されます。

この「証明書」により、相続の手続きを行います。

事務所開設

陵子は、益田事務所に8月まで勤務し、相談業務やセミナーを精力的にこなした。

益田事務所には新聞社や雑誌社、出版社の人達の出入りも多く、そのため新聞や雑誌に陵子の記事も掲載されることが多くなっていた。

またFPの仲間同士の勉強会が月に一度、益田事務所で開催されているため、勉強会を通しての交流もさかんとなり友人も増えていった。

10か月間、陵子は精一杯相談業務やセミナー、執筆などをこなしていったが、あまりにも忙しい毎日のため、幸男も昌子も心配して、

「お母さん、少し休んだほうがいいよ」

と家に帰ってからも、パソコンに向かって原稿を書いている陵子を気遣っている。

パソコンも事務所で働いている間に自然と覚えていき、原稿の締め切りに追われる毎日となっていた。

しかし不思議なほど陵子は元気だった。

目的を持って生きる、人の役に立てるということが、こんなに自分を元気に、明るくして

くれるのかということに陵子自身も驚いている。

僅か10か月足らずの間であったが、陵子にとっては、ＦＰ修業として実り多い月日であった。

益田事務所を去る日が近づいてきた。

「今週で中川さんが終わりになります。送別会を催したいと思いますが、皆さんいかがでしょうか」

益田所長の言葉に、他の皆も「賛成」といっせいに声を上げた。

「うどん専門の良いお店が有るの。金曜日の６時からにしましょう」

と早速予約の電話を入れて、益田所長が決めてしまった。

送別会の席上、益田所長から、

「中川さん、もうＦＰとして立派にやっていけます。事務所でも持って独立したらどうですか」

と話し掛けられ、

「事務所なんて、まだ早いのではないでしょうか。しかし持ってみたいですね」

「早いことなどありません。事務所を持って、お互いに頑張りましょうよ」

「そうしましょうか」

子供達に事務所開設の相談したところ、みな喜んで賛成してくれ、自宅の門に「オフィス中川」のプレートを掲げることにした。

幸男、昌子夫婦、多嘉子夫婦が開所祝いのささやかなパーティを催してくれ、プレートと「オフィス中川 代表者中川陵子」と印した名刺をプレゼントしてくれた。

平成14年の初秋である。夫が急死し13年の月日が陵子の上に流れていた。

第3章　人生100年時代の資産運用

事務所開設から10数年の月日が経ち、相談業務にもだいぶ慣れてきた。

「夫婦そろって65歳から30年間生きると、老後資金が総額で2,000万円不足する」との試算を発表した金融庁の金融審議会報告書が話題となった。

最近は人生100年といわれ、老後についての関心も高まり、特に相談の内容がお金・投資に関する相談が多くなった。

資産を運用するという言葉は、お金がなければ運用できないと考え、運用には無関係という人が多かったが、資産形成という言葉が使われ、資産のない人が資産を1から2、2から3、とコツコツと作っていくというイメージが浸透してきたのか、預金から投資へと関心が移ってきたように感じていた。

特に新型コロナウイルスまん延で株価が急落した3月以降、若年層を中心に投資による資産形成の機運が高まっていた。

若年層はネット証券を中心に口座を開き、株価指数などに連動する投資信託に流入する個人マネーは２０２０年1月~6月に1兆円を超え、過去最高になったようだ。

資産寿命

陵子はある新聞に依頼され、記事を書いた。

「最近、資産寿命という言葉も使われるようになりました。

資産寿命とは、寿命が延び、長生きとなり、老後の生活を営むうちに貯蓄や退職金などで折角築いてきた資産が、尽きてしまうまでの期間を指します。

日本は世界で有数の長寿大国です。それは経済的に豊かで、衛生状態もよく、医療体制も整っていることなどがその理由とされています。

「長生きする」ことは喜ばしいことですが、それが「リスク」であるという考え方も一方で出てきています。

例えば60歳で定年を迎え、定年後に趣味やら旅行などに行き、年金の支給が65歳からの場合、その5年間に貯めておいたお金の取り崩しが起こります。

また、65歳まで仕事をしていたとしても、90歳まで生きた場合、つまり25~30年間の、貯金の取り崩しをしていくことになります。

つまり、築いてきた保有財産が足りなくなるかも知れません。

このことを金融庁が、老後資産が2，000万円不足するとの報告書を出し、警鐘を鳴らしたのです。

そもそもこの報告書は、以下のモデルに基づいて試算されました。
・夫65歳、妻60歳の時点で夫婦ともに無職
・30年後（夫95歳、妻90歳）まで夫婦ともに健在
2017年総務省「家計調査」から割り出した高齢夫婦無職世帯（夫65歳以上・妻60歳以上）の平均額を当てはめると、収入が209，198円、支出が263，717円となり、毎月54，515円の不足が生じる計算となります。これが12か月、30年続くと合計1，962万円となるところから、老後生活に2，000万円不足するといわれるようになったのです。

金融庁に対する批判もあることはわかりますが、単に批判することでは、解決しません。

若い人たちは、すぐに行動を起こしています。

少額投資非課税制度（NISA）の新規口座もネット証券5社合計で2020年4月には、約11万件と前年同月の2.8倍となっています。

また、毎月一定額を購入する「つみたて投資」をする投資家は、2020年6月末で125万人と半年前に比べて35%増。月間の積立額は約470億円にのぼります。

つまり、自分のことは自分でという気持ちが出てきています。

〝長生きする〟ことをリスクなどと考える事はやめましょう。

大いに長生きを享受していきましょう。それには積極的にリスクに向かっていくことです」

金融資産保有額の実態

また経済誌にも陵子の記事が掲載された。

「国民はどの程度の金融資産を保有しているのでしょうか。金融広報中央委員会が実施した調査によりますと、金融資産の平均保有額は、単身世帯645万円、2人以上世帯で1，139万円となっています。

統計では、平均値よりも中央値（データを小さい順に並べたとき中央に位置する値）の方が実態に近いケースが多いので、中央値も確認しておきましょう。

中央値では、単身世帯45万円、2人以上世帯419万円となっています（参照　金融広報中央委員会　家計の金融行動に関する世論調査）。

更に世代別にみると、リタイア後の生活が迫ってきている50歳代を見ると、平均値1，194万円、中央値600万円となり、2，000万円に届いていない実情が見て取れます」

高齢者の相談

このような記事を読んで相談に見えたのは、石川さん（夫65歳、妻60歳）まさに金融庁の報告書にあるモデルとそっくりなご夫婦であった。
退職金と蓄えたお金の合計が２，５００万円あり、老後30年間で足りなくなる不安を覚え、どうしたらよいか相談にきたのだ。陵子は早速相談をはじめた。
陵子「計算では、毎月５万円が不足するとのことでしたね」
石川「そうです。大変不安になりました」とお二人そろって頷いている。
陵子「退職した後、毎日の生活に変化がありましたか」
石川「変化とはどのようなことでしょう？」
陵子「現役の時と比べて、生活費は変化していますか？」
石川「いいえ。あまり変わらないです」
陵子「そうでしょう。私のお友達も、長い間生活してきて、定年と同時にその習慣をいきなり換えることはできないと話していました。
つまり、御主人の現役の頃の生活そのままということでしょう」
石川「そうです」

陵子「それでは、毎月不足している5万円を稼ぎだしたらいいでしょう」
石川「なにか仕事を探してですか？」
陵子「それもよいと思いますが、お金に働いてもらいましょうよ。毎月仕事をして5万円稼いでもよいし、お金に働いてもらって5万円作り出してもよいです」
石川「お金に働いてもらって5万円作り出すとはどういうことですか？」
陵子「毎月配当金、いや分配金を5万円得られるようにすればよいのです」
石川「そんなことできるのですか？」
陵子「できます。ＲＥＩＴに投資します」
相談者二人の顔が明るくなった。

ＲＥＩＴ

石川「何ですか、ＲＥＩＴとは？」
陵子「ＲＥＩＴとは、もともとは不動産の投資信託としてアメリカで生まれ、ＲＥＩＴとよばれていますが、日本でも、それをまねしてＲＥＩＴの前にジャパンのＪを付けて、正式にはＪ－ＲＥＩＴと呼んでいます。

不動産の投資信託なのですが、２００１年９月にはじめて証券取引所に上場されましたので、すでに20年近く、株式とみなされて売買が行われています」


陵子「Ｊ－ＲＥＩＴについて簡単にご説明しておきます。

下の図をご覧ください。

Ｊ－ＲＥＩＴは法律に基づいて「不動産投資法人」と呼ばれる会社のような形態をとっています。

Ｊ－ＲＥＩＴは、株式会社に当たる「投資証券」を発行し、投資家はこの投資証券を購入します。

Ｊ－ＲＥＩＴは、投資家から預かった資金をもとに、不動産などに投資し、購入した物件の賃料収入や売買によって得た収益を投資家に分配します。

投資家は「投資証券」を取引所で売買することが出来ます。一般的に不動産の売買は流通性に欠けるのですが、このように取引所で売買されることによって、流動性が確保されています。

J-REITの簡単な仕組み

（資料：投資信託協会）

REITは、利回りが高く平均で年4．44％（2020年7月10日現在）となっています」

石川「なぜそんなに利回りが高いのですか？」

陵子「一般の上場企業は純利益の約30％を配当金に宛てていますが、REITは利益の100％を投資家に分配しています」

石川「100％分配するのですか？」

陵子「そうです。課税所得の90％以上を分配することを条件に、法人税が免除されているので、高利回りの分配金の支払が出来るのです。

したがって、分配金の利回りが高いので、この商品に働いてもらえばよいのです」

石川「具体的にはどのようにするのですか？」

陵子「REITの分配金は一般的には年2回支払われます。したがって、1月と7月、2月と8月、3月と9月、4月と10月、5月と11月、6月と12月に決算が行われます」

ですから、この中から分配金が毎月5万円入ってくるように購入していけばよいのです。

1月7月は2020年7月の予想分配金です。

2月8月は2020年8月の分配金予想です。

3月9月は2020年9月の分配金の予想です。

4月10月は2020年10月の予想です。

5月11月は2020年11月の予想です。

6月12月は２０２０年12月の予想となっています。

6か月分取得しておけば年に2回決算ですから、毎月分配金を受取ることが出来ます。

例えば、次の表の3月9月の決算のところを見てください。一番銘柄数の少ない3月と9月に決算が行われる銘柄でも、５銘柄あり、５銘柄の購入に必要な資金１０７万円です。そして分配金5万円（半期25，０００円）の確保ができます。

各月で２００万円〜２５０万円くらいで購入できれば、6か月で１，２００万円〜１，５００万円の資金で毎月5万円の収入が確保できます。

定期預金にしたつもりで、前向きな生活を心がけましょう。

また、ＲＥＩＴの価格が上昇すれば、単なる利回り商品ではなく、値上がり益を期待する商品に代わることもあります。

なお、1月7月決算の一番最初に出ている３２３４森ヒルズリート投資法人とありますが、３２３４の数字は「証券コード」といってその会社固有の番号です。

パソコンで３２３４と入力しますと、ＲＥＩＴ森ヒルズリート法人の説明が出てきます。

全ての銘柄に証券コードを載せてありますので、それぞれの会社について、決算の内容など、すべての情報を得ることが出来ます。ご自分で確認しながら、銘柄の選択をしてみてください」

石川「運用資産として、総合型とか複合型、特化型とかいろいろありますがどのようなことですか？」

陸子「運用資産の種類についてお話しします。

運用資産、つまり不動産投資法人が集めた資金を、投資対象として、オフィスビル、賃貸住宅、商業施設、物流施設、ホテル、インフラ設備など様々な不動産に投資します。

このように投資法人により、運用する不動産の種類は様々ですが、ＲＥＩＴは大きく単一用途特化型と複数用途型の２つに分けられます。

単一用途特化型は、オフィスビル特化、住居特化、商業施設特化、物流施設特化、ホテル特化などがあります。

複数用途型は、複数の不動産に投資するＲＥＩＴのことです。

複数用途型は、オフィスビルと住居といった２つの用途の不動産を組み合わせて投資する複合型ＲＥＩＴと、商業施設と物流施設とホテルといった３つの用途の不動産を組み合わせて投資する総合型の２つのタイプがあります。

銘柄を選別する場合、物流型に偏るとか、ホテルに偏ることは避け、いろいろな型を組み合わせることにより、リスクの分散を図ることになります」

ＲＥＩＴの決算と利回り（2020年7月10日終値）

［1月・7月決算］		運用資産	1口単価	予想分配金
3234	森ヒルズリート投資法人	総合型	138,500円	5,790円
8957	東急リアル・エステート	複合型	138,000円	6,700円
3269	アドバンス・レジデンス	住居特化型	345,500円	11,200円
3278	ケネディクス・レジデンシャル	住居特化型	199,000円	8,131円
8967	日本ロジスティクスファンド	物流施設特化型	307,000円	14,550円
3282	コンフォリア・レジデンシャル	住居特化型	344,000円	10,580円
3292	イオンリート	商業施設主体型	111,700円	6,250円
3455	ヘルスケア＆メディカル	ヘルスケア施設主体型	122,900円	6,275円
3459	サムティ・レジデンシャル	住居特化型	103,800円	5,721円
3463	いちごホテルリート	ホテル特化型	62,700円	3,201円
3468	スターアジア不動産	不動産総合型	85,300円	6,626円
3471	三井不動産ロジスティクスパーク	物流不動産	522,000円	14,107円
3249	産業ファンド	複合型	188,500円	5,755円
2971	エスコンジャパンリート	生活密着型商業施設	113,100円	6,753円
3493	伊藤忠アドバンス・ロジステクス	物流施設	152,400円	4,879円
「2月・8月決算」		運用資産	1口単価	予想分配金
8953	日本リテールファンド	商業施設特化型	126,600円	9,000円
8954	オリックス不動産	総合型	137,400円	7,140円
8968	福岡リート	総合型	123,100円	6,800円
8984	大和ハウスリート	住居特化型	275,700円	10,900円
3226	日本アコモデーションファンド	住居特化型	674,000円	19,930円
3478	森トラスト・ホテルリート	ホテル特化型	92,600円	3,454円
3281	ＧＬＰ投資法人	物流施設特化型	162,900円	5,359円
3290	Ｏｎｅリート法人	事務所主体型	251,500円	14,890円
3462	野村不動産マスター	総合型	129,400円	6,645円
3295	ヒューリックリート	総合型	123,800円	7,064円
3481	三菱地所物流	物流施設特化型	439,000円	11,915円
3488	ザイマックス・リート	オフイスビル特化型	88,100円	6,116円
3466	ラサールロジポート	物流施設特化型	178,000円	5,586円
3492	タカラレーベン	総合型	84,000円	6,000円
2972	サンケイリアルエステ	総合型	99,900円	4,739円

〔3 月・9 月決算〕		運用資産	1口単価	予想分配金
8952	ジャパン・リアルエステイト	オフィスビル特化型	549,000 円	21,550 円
8958	グローバル・ワン	オフィスビル特化型	97,600 円	4,800 円
8961	森トラスト総合リート	総合型	127,600 円	7,608 円
8986	大和証券リビング	住居特化型	105,000 円	4,300 円
3453	ケネティクス商業リート	商業施設主体型	189,800 円	11,990 円
〔4 月・10 月決算〕		運用資産	1口単価	予想分配金
8972	ケネディクス・オフィス	総合型	598,000 円	30,260 円
8975	いちごオフィスリート	総合型	70,000 円	4,193 円
8956	プレミア	複合型	114,100 円	5,685 円
3287	星野リゾート	ホテル主体型	425,000 円	17,860 円
3451	トーセイ・リート	総合型	100,000 円	7,040 円
3309	積水ハウス・リート	複合型	70,800 円	3,327 円
3298	インベスコ・オフィス	大規模特化型	12,990 円	758 円
3476	投資法人みらい	総合型	35,550 円	2,530 円
8979	スターツプロシード	住居特化型	213,800 円	9,950 円
〔5 月・11 月決算〕		運用資産	1口単価	予想分配金
8976	大和証券オフィス	オフィスビル特化型	569,000 円	27,400 円
8960	ユナイテッド・アーバン	総合型	109,800 円	6,800 円
8977	阪急阪神リート	総合型	118,300 円	6,280 円
8966	平和不動産リート	複合型	98,400 円	5,050 円
3279	アクティビア・プロパティーズ	複合型（オフィス）	351,000 円	19,860 円
3283	日本プロロジスリート	物流特化型	337,000 円	9,522 円
3472	大江戸温泉リート	温泉、温浴関連施設	61,300 円	3,946 円
2979	SOSiLA 物流リート	物流施設	147,000 円	なし
「6 月・12 月決算」		運用資産	1口単価	予想分配金
8951	日本ビルファンド	オフィスビル特化型	598,000 円	21,500 円
8964	フロンティア不動産	商業施設特化型	321,500 円	21,280 円
8987	ジャパンエクセレント	総合型	114,500 円	6,000 円
3227	ＭＩＤシティ	総合型	69,800 円	4,080 円
8955	日本プライムリアルティ	複合型	297,600 円	15,440 円
8985	ジャパンホテル・リート	ホテル特化型（12 月のみ）	43,750 円	3,690 円
3296	日本リート	事務所主体型	314,000 円	18,204 円
3470	マリモ創生リート	商業施設	96,900 円	7,014 円
3473	さくら総合リート	ビルの総合管理	74,800 円	4,145 円
8963	インヴィンシブル	総合型	25,080 円	60 円
3487	CRE ロジスティクス	物流施設	156,500 円	6,502 円

REITのリスク

石川「REITのリスクには、どのようなものがあるのですか？」

陵子「REITのリスクについてお話をしておきます。

不動産への投資ですから、不動産市況の影響を受けます。不動産の賃貸市場や売買市場、経済情勢など、様々な要因によって不動産の賃料収入や評価額が変動します。

したがって、銘柄個別の業績に関係なく、価格や分配金が減少することもあります。

また、金利のリスクもあります。REITは投資家から資金を募るほか、金融機関からの借入により不動産を購入します。そのため、金利が上昇すると、利息の負担が増加するため、収益の減少につながります。

その他に、地震・火災などによるリスクもあります。REITは実物資産ですから、自然災害などによる建物の滅失、毀損や環境問題などにより、REITの価値が減少し、分配金が減少するリスクもあります。

さらに投資法人の倒産及び上場廃止リスクもあります。ただし、所有する不動産の価値がゼロになるわけではありません。倒産時に不動産を売却し、投資資金が返金される場合もあります。また証券取引所の上場廃止基準に該当した場合、上場廃止となるリスクもあります」

石川「毎月分配金を受け取るのは、よくないということを聞いたのですが？」

陵子「高齢者は、年金と同じように、毎月分配金を受け取りたいということで、毎月分配金の投資信託に人気があったのですが、収益が上がらない場合にも分配金を出している、つまり分配金を出すことによって、投資信託の財産を減らすことになった投資信託が出てきたからです。いわゆるタコ配当です。

いま、お話していることは、ＲＥＩＴの決算期の異なる組み合わせで、毎月分配金が出るように計画したのです。

決して財産を減らして分配するのではありません。あくまでも収益を分配していますので安心してください。

また、各月ごとに何銘柄かに投資していますので、分散投資もできていますから、リスクの分散もできています」

石川「ＲＥＩＴはどこで取引をするのですか」

陵子「不動産投資信託ですが、証券取引所で株式と同じように売買されているため、一部の銀行でも扱いますが、全国どこの証券会社でも取り扱っています」

石川「お金に働いてもらうなんて考えてもいませんでした。また、投資はしたことがなく、大変不安に感じていたのですが、このように分配金を得ることは預金していると考えればいいんですね」

陵子「そうです。それから不動産に投資ということですので、株式市場とは離れた存在なのですが、日本では、株式市場と同じように相場が動きますので、そのような点も気を付けてみていたらよいでしょう。

石川さん。お金に働いてもらうことがお判りいただけましたか？」

石川「はい。よくわかりました」

陵子「今日のお話で、何が一番大切なことだと思いますか？」

石川「証券コードを教えていただいたので、自分で確認することだと思います」

陵子「その通りです。一番大切なことは、大切なお金を動かします。そのためには人から聞いてお金を動かしたり、人に任せたり、人頼みはいけません。自分で確認し、納得出来たらお金を動かしてください。また、急ぐことはありません。１年を目標に、少しずつ購入していったらよいです」

石川「ありがとうございました。相談に来てよかったです。預金がだんだん減ることばかり頭にありましたが、預金を減らさずに生活することが出来ることが分かりました。

知識がなかったから怖かったのです。

いろいろとリスクはあるでしょうが、これからはリスクと向かい合って前向きに考えていきます」

ご夫婦の明るい笑顔がいつまでも印象に残る相談となった。

株式投資

20代で独身のOL須藤さんが株式投資に興味があり、雑誌で陵子の記事を見て相談に見えた。

須藤「先生は、株式投資で大変な損失を被ったとのことですが、それでも株式投資を行っているとのことですが、なぜですか」

陵子「物事、失敗は必ずあるものです。しかし、その失敗を生かして成功があると思います。私は、失敗したまま、人生を終わりたくないという思いが強かったのです。

私の失敗は、投資について何も知らなかった。すべてお任せでした。

無知が原因なので、株式投資にどのような勉強が必要か、FPの大先輩の先生に教えを乞いました。そこで得たことは、分散と計算でした」

須藤「分散とは、具体的にどのようなことをしたのですか？」

陵子「投資資金がわずかになってしまいました。そのために株式ミニ投資で、できるだけ多くの銘柄に投資しました」

須藤「計算とは、どのようなことをしたのですか？」

陵子「投資のモノサシとして、株価収益率（PER）と株価純資産倍率（PBR）を計算して、基準に合ったものに投資していきました」
須藤「実際にどのくらいの銘柄に投資できたのですか？」
陵子「100銘柄を超えていました」
須藤「そんなにたくさんの銘柄に投資できたのですか？」
陵子「そうです。金額的にわずかな資金でできましたから」
須藤「投資の成果はどうでした？」
陵子「現在保有している銘柄は全てタダになっている銘柄ばかりです」
須藤「え、すべてタダ？」
陵子「そうです。すべてタダの株式を保有しています」
須藤「なぜ、そのようにタダになったのですか」
陵子「ちょうどタイミング的にも、アメリカの電力会社エンロンの破綻の後、日経平均株価は7，000円台でした。結果的には、株価の低い時からから始めました。当時は1000株単位の銘柄が多かったのですが、10分の1の単位、つまり100株単位で購入していきました。
伝説の億万長者と言われている本多静六が書いた『私の財産告白』を参考にしました」
須藤「はじめて聞く名前ですが、本多静六とはどのような人なのですか？」

陵子「本多静六について、簡単に触れてみます。1866（慶応2）年、埼玉県で生まれました。林学博士、東大の教授で、日比谷公園の設計や明治神宮の造林など大きな業績を残しています。

月給の4分の1をないものとして貯金し、投資のための種銭を作りました。

そして景気のよい時には貯金を、景気の悪い時は株式投資を実践し、億万長者となったのですが、定年を期に、全財産を匿名で寄付をした人です。この本多静六の投資方法に、株価が倍になったら半分売却し、残りはタダの株式となるから、何の心配もなく持つことが出来る。とありました。それを実践したまでです」

株式ミニ投資

須藤「先生の行った株式ミニ投資とはどのようなものですか？」

陵子「それでは株式ミニ投資について説明します。株式ミニ投資とは、証券会社と、投資家との間で行う取引所の定める1売買単位に満たない株式を、株式の振替制度を利用して定型的な方法で行う売買です」

須藤「1売買単位に満たないとはどういうことですか？」

陵子「取引所で行われている売買は、現在は、通常１００株を1単位として売買が行われています。

ミニ投資とは１００株に満たない取引のことを言います。10株から90株まで取引できます」

須藤「なぜ、このような売買ができるようになったのですか？」

陵子「株式市場の活性化を図るため、あるいは個人の投資家が買いやすいように売買できる単位を10分の1にしたのが、株式ミニ投資です。

１９９５（平成７）年9月にスタートしています。

多くの人は、株式投資に対して、まず損をするのは嫌だ、まとまったお金がない、知識がない、証券会社にはなんとなく抵抗を感じる、など、投資できない理由をいろいろとあげます。

損をするか、利益が出るか「試して」みなければ分かりません。

新聞の株式欄を見てください。

東京第1部とあります（２０２０年7月10日終値）

水産・農林の欄に・極洋２６５０、日水４４９、・マルハニチロ２０６４、カネコ種１３１１、サカタタネ３２７５、ホクト１９８１、ホクリョウ６３０とあります。

例えば極洋２６５０円は1株の値段です。１００株単位ですから、買付ける場合２６５，０００円必要です（２６５０円×１００株＝２６５，０００円）。

同じように日水は1株４４９円です。１００株購入する場合は44，９００円です（４４９

円×100＝44，900円）。同様にマルハニチロは206，400円です（2064×100株＝206，400円）の資金が必要です。

このように取引所では、100株単位で売買が行われています。

しかし、株式ミニ投資は10分の1単位で売買が出来ます。つまり、極洋26，500円で購入できます。日水は、4，490円で購入できます。

売買されている金額はまちまちです。1万円以下で買える株もあり、2万円、3万円でも買える株もたくさんあります。

現在の株式は、子供たちのお小遣いで買うこともできます。

この株式ミニ投資を利用する場合は、証券会社と株式ミニ投資についての〝契約〟をします

須藤「契約が済めばすぐに取引ができるのですか？」

陵子「すぐにできます。自分の買いたい時にいつでも買うことができます。

どの会社（銘柄といいます）を買うのか、数量はいくつか（例えば10株から90株まで買うことができます）などを証券会社に連絡します」

須藤「実際の売買はどのようになりますか？」

陵子「ミニ株式の申込みをした日の翌日、朝の一番先に着く値段（始値・寄付《よりつき》）で約定（買付）されます」

須藤「取引所では100株で取引されているのに、どうして10株で売買できるのですか？」

陵子「良いところに気が付きましたね。現在、すべての上場会社は株券が発行されていません。

数字だけ付け替えが行われています。Ａという株をＣ社が１００株買ってＤ社が１００株売った場合、Ｃ社はＡ株を１００株増やし、Ｄ社はＡ株を１００株減らすという数字の付け替えを行います。

例えば証券会社は、須藤さんからＡ社のミニ株式10株の買い注文を受け付けた場合、他のお客さんからも買い注文の出ているＡ社の株式を集計すると１８０株となりました。

通常、取引所では１８０株の売買はできません。

翌日、証券会社は、取引所に２００株の買い注文を出します。不足の20株は、注文を出した証券会社の持ちとします。

この株式ミニ投資は、単位未満（単元未満）ですが、売る時もそのまま単位未満として売却できます。

株式ミニ投資の場合は、須藤さんの口座ではなく、証券会社の「株式ミニ投資口」というところで管理されています。

買付した株式の名義は取扱証券会社名とされますが、配当金や株式分割などは、所有している株数に応じて須藤さんに配分されます。

ただし、通常の株主と違うところは、須藤さんは、株主総会に出席することはできないだけで、そのほかの株主としての権利はすべて同じです」
須藤「もし、ミニ投資で同じ銘柄を買っていって、１００株の単位になった場合は、どうなりますか？」
陵子「証券会社は、１００株になった場合は、自動的に1売買単位の整数倍の株数を、株式ミニ投資によらない、須藤さんの口座に移します」

株式ミニ投資の実践

陵子「株式ミニ投資は、複数の銘柄を組み合わせて分散投資ができます。株式投資のリスクを減らすためには、分散投資を行うことです」
須藤「分散投資とは具体的にはどのようにすればよいのですか？」
陵子「例えば輸出関連の銘柄と、輸入関連の銘柄を合わせて持つことにより、為替に対するヘッジができます」
須藤「為替に対するヘッジとはどのようなことですか？」
陵子「例えば輸出している会社は、円安になると為替の利益が出ます。円とドルの場合、1ドル１００円の時に契約したが、ドルを円に換える時に１２０円になれば、受取る金額が増えます。

反対に輸入している会社は反対になり、支払するときに支払金額が多くなります。

このように相反する会社を持っていると、お互いに相殺され、リスクを減らすことになります。

また、自動車と小売など、業種を分散させるなど、様々な手法が考えられます。

それに、何回かに分けて買付を行うと、時間分散ができるなど、その利用の仕方はいろいろとあります」

須藤「分散についてはわかりました。お話の初めに、投資のモノサシとして株価収益率（ＰＥＲ）と株価純資産倍率（ＰＢＲ）のお話がありましたが、どのようなことですか？」

陵子「投資をするに当たって、計算をして下さい」

須藤「計算って、難しい計算をするのですか？」

陵子「いいえ。簡単な割り算です。

まず、株価収益率（ＰＥＲ）からお話します。

一般的にはピーイーアールとか、パーという言い方をしています。

株価 ÷１株当たり当期純利益の計算式で求めます」

須藤「計算するのに、１株当たり当期純利益どこを見ればよいのですか？」

陵子「株式投資を始める場合は、会社四季報（東洋経済）を参考にしたらよいです。ここに四季報がありますが、1株当たり当期純利益はこのように掲載されています」

PERは、1株当たり当期純利益に対して株価がどの程度に買われているかを見る指標です。一般的には、利益成長の高い会社ほど，PERは高く買われる傾向にありますが、個々の銘柄でPERが高いか、低いかは、業種の違いや成長力や収益力に対する市場の評価で違ってきます。このため、ある銘柄のPERが高いかどうかを判断するには、過去何年かのその銘柄のPERの推移を見て、現在のPERがどの程度の位置にあるかを見るのも一つの株価測定の方法です。

過去のPERの上限近辺にあれば警戒信号、逆に下限に近く業種の向上が見込まれるようなら買い場ということになるでしょう」

須藤「わかりました。それでは株価純資産倍率（PBR）について教えてください」

陵子「株価純資産倍率（PBR）は、ピービーアールと言います。先ほどのPERは、企業の収益力を見る指標でしたが、PBRは企業の安定性を見る指標です。

株価　÷1株当たり純資産の計算式で求めます。

先ほどの1株当たり純利益と同じように、1株当たり純資産も四季報のここに掲載されています。

純資産とは、企業の持っている全部の資産から借入金や社債などの負債を差し引いたものです。

1株当たりの純資産の大きさを1株当たり純資産といい、その企業の資産力を表します。これが大きいほど、企業の安定性が高いことになります。

このPBRが1倍ということは、その企業の株価が資産価値（解散価値）と同水準であるということです。

したがってこの数値が1を割り込んでいる銘柄は、株価は解散価値以下ということで、買いのシグナルとなります。

大切なお金を運用するのです。この2つの計算はぜひ行ってください。

現在は、パソコンでも、証券コードを利用して調べると、自分で計算しなくても、簡単に数値が出てきます」

須藤「先生はこの計算を100銘柄以上行ったのですか？」

陵子「パソコンを使えなかったので、すべて手作業で行いました。毎月、少しずつ購入し、1年くらいかけて購入しました。

須藤さんも計算しながら、少しずつ購入していったらよいと思いますよ」

須藤「そうですね。大切なお金を動かすので、そのくらいの計算はやらなければいけないですね。ミニ株式投資のリスクはありますか？」

陵子「やはりリスクはあります。

1　売買手数料が少し高くなります。通常の株取引と比較すると1.5倍～2倍程度と割高になっています。

2 取引できる証券会社と銘柄が限られています。全ての証券会社で取引できるものではありません。さらに取り扱いの銘柄もまちまちです。証券会社での確認が必要です。

3 注文時間に制限があります。基本的には注文の翌日の始値で約定されます。

4 議決権等の株主の権利はありません。

5 一般的には株主優待の対象外です」

株式累積投資

陵子「株式投資には、もう一つ株式累積投資というのもあります」

須藤「初めて聞きますが、どのようなものですか？」

陵子「須藤さんの会社には、持ち株会というのがありますか？」

須藤「いいえ、ありません」

陵子「サラリーマンの家庭では、ご存知の方も多いと思います。勤務している会社の持ち株会と呼ばれるもので、それと同じような制度です。

この制度の趣旨は、須藤さんが証券会社を通して、少額の資金で株式の投資を可能にしています。

さらに須藤さんが長期的に、安定的な証券投資をしていくことを目的としています。それは個人株主を増大させることにつながります。

つまり、株式投資の経験のない人、あるいは比較的投資経験の浅い人に対して株式投資の入門的な意味合いがあります。

株式累積投資とは、毎月1万円（一定の金額）を投資し、同じ銘柄を買い付けることで、買付価格が平均化され、まとまった株数になっていきます。

例えば須藤さんがソニーを買いたいとした場合、毎月1万円ずつ購入していきます。

須藤さんは、証券会社と株式累積投資契約を締結します。

この制度の大きな特徴は、アメリカで人気のある「ドル・コスト平均法」と呼ばれる運用方法を用いていることです。

ドル・コスト平均法とは、株式は値上がりすることもあり、また値下がりすることもあります。

そうしたリスクを低減させるために生まれたのがこの制度です。

株価の動きやタイミングに関係なく、株式を定期的に継続して、一定金額ずつ購入していきます。

この方法によると、株価が高い時には少ない株数を、株価が安い時には多くの株数を買うことになり、長期にわたって買い続けていくと、一般的に、一定株数を定期的に購入する方法と比べて、1株当たりの平均取得価格が安くなります。

毎回同じ数量を買い付ける「定量購入法」でも購入価格は平均化されますが、「定額購入法」のほうが、表のように平均価格を安くすることができます」

須藤「先ほど、会社四季報ということでいろいろお話しがありましたが、もう一度説明していただけますか」

陵子「そうですね。会社四季報とは、投資家にとってバイブル的な存在ですので、もう少しふれていきましょう。

まず、会社四季報は、東洋経済新報社が1936（昭和11）年6月に発刊しました」

須藤「そんなに昔からあったのですか？」

陵子「戦前からです。80年以上も前からあったのです。

四季報を作成するために、記者120人、データ担当者250人を動員して、4，000社近くの上場会社に当たります。

年4回発行（3月期決算会社の場合）されています。

定額購入法

株価 1000円	1,500円	500円	1,000円	合計	平均購入価格
10株	6.6株	20株	10株	46.6株	1株当たり
10,000円	10,000円	10,000円	10,000円	40,000円	858.3円

定量購入法

10株	10株	10株	10株	40株	1株当たり
10,000円	15,000円	5,000円	10,000円	40,000円	1,000円

第1集は新春号として、12月に発売されます（第２四半期決算を収録）。

第2集は春号として、３月に発売されます（３月期本決算の最終予想と来期予想）。

第3集は夏号として、６月に発売されます（３月期決算実績と来期の期初予想）。

第4集は秋号として、９月に発売されます（４〜６月期実績をふまえ9月期予想）。

須藤さん。一番売れるのはどの季節の号だと思いますか？」

須藤「四季報についてわからないのですが、感じとして、第３集、夏号だと思います」

陵子「なぜ、そのように思いますか？」

須藤「３月決算の実績ということで」

陵子「私も3月と思っていました。３月決算の実績と、来期の予想ということです。しかし、四季報の担当編集長のお話を聞く機会があり、第４集、秋号が一番売れているとのお話でした。

その理由は、９月決算の予想から、翌年3月の決算を見通すことにあります。よく言われる言葉に、株価は半年先を見通して動くと言われます。つまり株価というのは、半年先を予測しながら現在の相場があるということです。そのために秋号が一番売れるということです。

先ず基本情報として、証券コードがあり（株式を上場、店頭登録をしている企業の固有のコード）、社名があります。社名左に会社の特徴がコンパクトに記載されています。どのような事業をしているか、業界内のシェア、沿革、会社の強みなどが記載されています。下の枠には、事業拠点や従業員数、取引銀行、主幹事証券などが分かります。

四季報の中で最も人気があるのが記事欄です。

東洋経済記者の解説が載っていて、この記事を目当てに四季報を購入する人が多いのです」

前半、後半に分かれて解説記事があります。この記事欄は、小さなスペースですが、会社情報の一番の見どころといえます。

当面の業績予想と最新のトピックスの2つのテーマで構成されています。業績予想は一目で予想が分かります。トピックスは、経営方針や新商品情報、新規事業のスタートなど、株価に影響をあたえそうな事業環境の変化などが記載されています。

株主欄、財務欄、業績欄など投資家として知りたい情報がコンパクトに掲載されているのが、会社四季報です。

特に注意すべき点はキャッシュフロー（CF）です。

営業CF……日々の営業活動による現金の出入り。ここが黒字でなければなりません。

投資CF……設備投資や、株式の取得など、優良会社は、マイナスが多い。

財務CF……借り入れなど、資金の調達。優良会社は、マイナスが多い。

現金同等物……現金と3か月以内に現金化できる金融商品」

須藤「なぜ、注意が必要なのですか」

陵子「黒字倒産という言葉を聞いたことがありますか？」

須藤「あります」

陵子「この黒字倒産を見分けるために重要なのです。以前は、キャッシュフローの記載がなかったのですが、現在は必ず記載しなければなりません。

３期続けて増収・増益、史上最高の利益を上げた会社が倒産しています。決算書の数字はよいのですが、現金がないということです。

無理して売り上げを伸ばしたのですが、資金の回収が付かなかったということです。

そこで、株式投資をするときに必ず見て欲しいことは、営業ＣＦがプラス、投資ＣＦ、財務ＣＦがマイナスの会社が投資するに値する会社です。

倒産した会社は、３期つづけて営業ＣＦがマイナス、投資ＣＦ、財務ＣＦがプラスでした。

つまり財務ＣＦがプラスということは銀行からの借入が３期続けて増えていき、投資した資金の回収を図ったのですが、銀行の借入がストップしたため、倒産に至りました」

買い付けの方法

陵子「取引所を通じて買付注文をする場合、一定の計画に従い、個別の投資判断に基づかない方法により、継続的に行います。

あらかじめ定めた買付注文を執行する日の、あらかじめ定めた証券取引所の価格に基づき継続的に行います。

払い込み金額は、株式累積投資契約のうち、一人1銘柄に係る金額は100万円未満とします。

NISA（少額投資非課税制度）口座で買付けることにより、配当金相当額や譲渡益を非課税とすることも可能です」

例えば須藤さんが毎日使用している化粧品の会社の株式を毎月1万円ずつ購入していく、あるいは大好きな食料品の会社に投資するなど、通常の単位で購入すると多額の資金を必要とする会社を1万円単位で購入できるのです」

須藤「そうですね。1万円から購入できるのは魅力ですね。株式投資って、いろいろな方法があるのですね。

株式ミニ投資は、通常の単位の10分の1で取引できる。これは自分の都合でいつでも売ったり買ったりできる。株式累積投資は1万円以上で、毎月決まった日に定期的に購入していくということでいいのですね」

陵子「そうです。いずれも若い人が長期的に投資をしていくためには、リスクも大きいのですがリターンも大きい株式投資が最適だと思います」

須藤「わかりました。勇気を出して、株式投資にチャレンジしてみます」
陵子「そうですか。リスクとは、語源はイタリア語で〝勇気をもって向かう〟というようです。勇気をもって株式投資に向かってください」
須藤「1時間。あっという間でした。ありがとうございました」

ETF

本日相談に見えた方は、久保さん。50歳のサラリーマンであった。
久保「日銀がETFを購入と新聞やテレビで報道されているが、個人でも買うことが出来るのですか？」
陵子「日銀が買い入れているETFは、証券取引所に上場されている銘柄であり、個人でも購入できます」
久保「日銀が買っているのであれば、心配ないですよね？」
陵子「心配ないとは、どういう意味でしょうか？」
久保「損しないということです」
陵子「それはわかりません。相場のことですから。買ったETFを安くなった時に売却す

ればＥＴＦを買っているのですか？」


らです」

れば損になります」

久保「なぜ、日銀が損するかも知れないＥＴＦを買っているのですか？」

陵子「利益が出るかもしれません。そして日銀がＥＴＦを買っているのは、目的があるか

久保「どのような目的があるのですか？」
陵子「株価が大きく値下がりしたため、株式市場の安定を図ることを目的として始めまし
たが、それだけではありません。
政府と日銀が目標としている物価の安定もあります。それは物価の上昇が安定的に２％を
維持できるようにすることです。
つまり金融政策の一環としてＥＴＦ（上場投信）を買い入れているのです」
久保「ＥＴＦを個人でも買えるのであれば、買ってみたいと思っているのですが、よくわ
からないのでお願いします」
陵子「昔のことですが、ＥＴＦについては面白いお話がありました。
日本でテレビ放送が始まった頃、テレビのニュースで毎日ダウが上がったというニュース
が流れていました。現在の日経平均株価は当時ダウ平均と呼ばれていました。
ある時、地方の小さな証券会社の店頭に、農家の男性でしょう。野良着にはだしで軽トラッ
クで乗り付け、驚く証券マンに、袋に入ったお金をカウンターに投げ出し、〝ダウをくれ〟と一言。

しかし、当時は、現在の日経平均株価などの指数の売買はありませんでした。しかし、50～60年たった現在、逸話とされていたことが、このような日経平均やトピックスなどの指数が、１つの株式として取引所で売買されるようになったのです。
ETFは、投資信託ですが株式なのです。よろしいですか？」
久保「はい、結構です」
陵子「それではETFについてお話をしていきます」

ETFの種類

陵子「２００１（平成13）年にETF制度が創設されましたが、創設当時のETFは、特定の日本の株価指数に連動することを目的とするもののみが認められていましたが、その後、海外の株価指数（ニューヨークダウなどもあります）、商品価格（金やプラチナなど）、や外国の投資信託（外国投資法人）が国内の取引所に上場されるなど、わが国におけるETFの商品の多様化が急速に進んでいます。

今日は特に日銀が購入しているETFを中心にお話すればよろしいですか？」

久保「はい。それで結構です」

陵子「日銀が買い入れ対象としているETFは、TOPIX型、日経平均型、JPX日経インデックス400型です」

久保「ETFといっても色々あるのですね」

陵子「そうです。TOPIX型とは、東証市場第一部全銘柄の時価総額が、基準時の時価総額に比べてどの位増えたか減ったか、ということを通じて市場全体の株価の動きを表すものです」

久保「基準時とはいつですか？」

陵子「TOPIX型の算出方法は、1968（昭和43）年1月4日（終値）を基準日とし、基準日の時価総額を100ポイントとした場合、現在の時価総額がどの程度かを表します」

久保「現在はどのようになっているのですか？」

陵子「現在は1，500ポイントくらいです。東証株価指数は円ではなくポイントで表示します」

久保「この1，500ポイントは、どのように見ればよいのですか？」

陵子「1968年と比較すると、株価は15倍になっているとみます。株式とは上がったり、下がったりしながら、40年、50年の間に15倍にもなるのです。

日経平均型ETFは、日本経済新聞社が東証一部に上場している企業から、独自の基準で選んだ225銘柄の平均株価のことです。一般に株式投資をしている人たちは、この日経平均を重要視しています」

久保「なぜ、重要視するのですか？」

陵子「日経平均225というのは、東証一部2，170社を超える会社の中から選ばれた225社、つまり日本の代表的会社とみなされています。その会社の株価の動きが増資（株式分割）により、株価が下がった場合、下がらないように計算をし直して、株価の連続性を保っているからです」

久保「株式分割とは何ですか？」

陵子「例えば株価が1，000円の会社の場合、100株保有している場合10万円の価値があります。

この会社が2分の1の株式分割をした場合、所有している株式は200株になりますが、株価は500円になります。保有している投資家は10万円の価値、変わらないですよね。

しかし、株価が半値になります。このような場合、株価の連続性が保たれないため、ダウジョーンズ社が開発した計算により、元の値段に戻るような計算をし直します」

久保「なぜ、このような株式分割をするのですか？」

陵子「株価が下がれば、より多くの人が買うことが出来ます。つまり広く、沢山の人が証券市場に参加できるようにするためです。

現在では、一部のお金持ちだけが参加している市場ではありません。子供のお小遣いでも投資できるのです」

久保「よくわかりました。少ない資金で投資ができるということですね。

陵子「JPX日経インデックス400型は、東京証券取引所に上場する企業の中から、グローバルな投資基準に求められる諸条件を満たした400銘柄で構成される株価指数を言います。これは、日本取引所グループおよび東京証券取引所、日本経済新聞社が協同で開発した日本の投資魅力の高い企業で構成される株価指数です。

さらに、株式市場での企業の評価や株式の流動性だけでなく、企業の財務状況などが銘柄選びに大きく反映されています」

久保「このETFは、投資信託ですよね?」

陵子「そうです。投資信託ですが、普通の投資信託と違う点は、証券取引所に上場していて、株式として扱われます。

日銀が買うことによって、株価を押し上げる効果があります」

久保「日銀は、今までに金額では、どのくらい買っているのですか?」

陵子「2011年から買っているのですが、2019年末までに28兆円を越えています」

久保「そんなに買っているのですか?」

陵子「そうです。さらに2020年3月16日には、年間6兆円の買い付け予定を、年間12兆円を上限に、増額を発表しています」

久保「ＥＴＦは投資信託ですが株式として扱うということですが、日銀が株を買ってもいいのですか、また、買うということは今までもあったのですか？」
陵子「ありました。昭和40（１９６５）年、証券不況と言われた時です。山一証券が倒産しました。

１９９７年に破綻した山一証券は、正式には新山一証券です。

当時は日経平均ではなく、ダウ平均と呼ばれていましたが、１，０００円を割り込むと大変なことになると、当時の大蔵大臣、田中角栄の働きかけで銀行が資金を出し合い、共同証券を作り、株価の下支えを行いました。

その時に日銀も銀行と共に資金を出しました。当時、日銀が株式を買ったということで大騒ぎになりました。

結果としてその時が下値で、株価は大きく上昇していき、銀行も日銀も大きな利益を上げました。

次は２００３年頃、まだ記憶に新しいと思いますが、日経平均が７，０００円台まで値下がりし､銀行が不良債権処理におわれている頃､銀行の放出する株式を日銀が買い支えました。

この時点では法律の改正が行われ、日銀も株式の購入が認められていました。

この時も大きな利益を上げました。

２回の株式購入は、いずれも個別の株式の購入でしたが、今回のＥＴＦは、個別の株式ではなく、市場全体の買い支えとなります。

久保さんの指ご摘通り、日銀は今まで損どころか大きな利益を上げていました。

日銀がＥＴＦを購入することにより、上場している企業は、株式によって資金調達がしやすくなり、企業はその資金で設備投資もしやすくなります。したがって景気への好循環となります」

久保「日銀が買っているということは、多くの投資家も買っているのでしょうか？」

陵子「日銀が買うことにより、株価が下がりにくくなります。したがって、相対的に買いやすくなり、株価も下がりにくくなりますので、多くの投資家も参加していることでしょう」

ＥＴＦの取引

久保「ＥＴＦと日銀のことはわかりましたが、ＥＴＦはどのように売買するのですか？」

陵子「東証株価指数や、日経平均株価などの株価指数や商品価格などの指標に連動するように設定され、取引所に上場される投資信託です。

久保さん、ＴＯＰＩＸ型であれば、東証第一部２１７０社余りの株式を一纏めにして、約15万円で購入することが出来ます」

久保「15万円とはどのように計算されたのですか？」

陵子「証券取引所で実際に売買する場合、ＴＯＰＩＸの取引単位は10口です。したがって市場価格が1，500ポイントであれば1，500ポイント×100口＝15万円となります。日経平均型であれば225社の株式を一纏めにして、約22万円で購入できます」

久保「日経平均の22万円はどのように計算されるのですか？」

陵子「日経平均の取引単位は10口単位です。したがって市場価格が22，000円であれば、22，000円×10口＝22万円となります」

久保「取引単位は一定ではないのですか？」

陵子「一定ではありません。株式はほとんど100株に統一されましたが、ＥＴＦは100口、10口と銘柄によって様々ですので、注意してください。

ＥＴＦの市場価格は、株式と同様に買いたい人と、売りたい人の需要と供給できまるため、証券取引所の取引時間中は、株式と同様に変動しています。

したがって、自分の買いたい値段、売りたいときも自分の売りたい値段で取引出来ます。

ＥＴＦは、このように取引所において上場株式と同様に、取引所における市場価格で売買できるのです。

注意しなければならないことは、通常の投資信託にもＴＯＰＩＸ型、日経平均型がありま す。上場でない一般の投資信託は、基準価格（1日1回の値段）で購入したり売却したりしなければなりません。

通常の投資信託と、投資信託であるＥＴＦと紛らわしいのですが、違いをしっかりと理解してください。

したがって、注文する際には、必ず、ＥＴＦか上場投資信託と断ってください」

	ＥＴＦ（株式）	一般投資信託
取引所への上場	上場している	上場していない
信用取引	できる	できない
取扱金融機関	全国の証券会社（一部銀行）	銀行・証券会社・保険会社等
取引価格	証券取引所における市場価格	その日の基準価格
価格の指定	できる	できない
信託財産留保額	なし	あり
信託報酬	あり（一般に低い）	あり（一般に高い）

（注）信託財産留保額：中途解約のペナルティに相当する。主に解約時に徴収される。
信託報酬：投資信託の運用・管理にかかる費用で、保有している間徴収される（毎日の基準価格から引かれている）。

口座の開設

久保「取引を始める時にはどうしたらよいのでしょうか？」

陵子「先ず、ＥＴＦの売買を始める時に、口座の開設が必要となります。取り扱う金融機関は、証券会社ですが、一部の銀行でも取り扱います。

証券会社の店頭で説明を聞きながら取引をしてもよいでしょう。また、インターネットで取引をする金融機関もありますから、どちらか選択になります。

口座開設をするためには、通常の株式の場合と同様です。

一般的には申込書を郵送やＷｅｂサイトで取り寄せて、必要事項を記入して、印鑑を押し、返信します。その際には運転免許証などの身分証明書のコピーなども一緒に提出を求められることもあります。

どこの金融機関でも同じですが、口座開設に際していろいろな書類の提出があります。特定口座の開設も併せて行います」

久保「特定口座とは何ですか？」

陵子「正式な書類は「特定口座開設届出書」です。

これは税金の問題です。証券会社が損益の計算を行い、年間の取引の報告書を作成する証券会社との取引専用の特定口座と、久保さんが損益の計算を自分で行って、確定申告も自分で行うという一般口座があります。

そして、さらに源泉徴収あり、源泉徴収無しというのがあります。

つまり、自分で税務署にすべての申告をするか、税金に関しては、証券会社がすべて行ってくれるか選択します」

久保「私は、自分でするより、証券会社に行ってもらいます」

陵子「そうですね。自分で行うと、1年間に20万円までの利益はよいのですが、20万円を越えて利益が出た時に、税務署にきちんと申告しないと脱税になります。

そのためには、特定口座・源泉徴収ありをお勧めします。

特定口座開設届出書の提出の際には、氏名、生年月日、住所及び個人番号を告知し、住民票の写しその他の書類を提示して本人確認を受けなければなりません。なお、この届出書等は電磁的方法により提出することもできます。

返信後、問題がなければ通常1週間から10日ほどで、口座が開設された旨の通知が送付されますので、口座に入金し、証券会社からの入金の確認が出来ましたら、取引開始です」

倒産の心配がない

陵子「久保さん、株式投資の最大のリスクは何でしょうか？」
久保「倒産だと思います」
陵子「そうですね、倒産の場合は、大きな損失となるでしょう。ＥＴＦは株式です。

しかし、株式であるＥＴＦは倒産しません」

久保「なぜですか？」

陵子「先ほどからお話ししているように、東証株価指数でしたら証券取引所に上場している２１７０社以上の会社をまとめて買っているのです。もしその中の1社が倒産したとしても、ほとんど影響がありません。

また日経平均２２５でも同じです。日本の代表的な会社２２５社のうち、もし1社が倒産しても日経平均２２５が倒産することはありません。

すなわち２１７０社に分散されている、あるいは２２５社に分散されているため、株式投資に一番大切なリスク分散が行われているのです。

ただ、リスクは、株価の変動による評価損です。あくまでも売却しなければ損失とはなりません。

それこそ久保さんが最初におっしゃった、日銀が買っているから安心できる。まさにその安心はこのようなことではないでしょうか。

私は、初めて投資をする方には、ＥＴＦをお勧めしています。その理由は倒産がないこと、また、ミニ株投資として扱っている証券会社もあります。

まず始めて見なければ何もわかりません。ミニ株投資として、日経平均であれば22，０００円、東証株価指数であれば、15，０００円で始めて見て、理解できるようになったら金額を増やしていくことをお勧めしています。

また、日銀が購入している点も、過去2回大きな利益を上げていることも参考にしてみたらよいと思います」

ETFのリスク

久保「ETFのリスクもあるでしょう？」

陵子「ETFの取引にもリスクはあります。先ほども触れましたが、価格変動リスクです。株価指数等は、組み入れられているのはすべて株式です。したがって様々な経済情勢等の影響を受けて、価値が下落する可能性があります。

これによってETFの価格が下落したり、分配金が減少する可能性があります。

ただし、個別株投資と比較すれば、リスク分散効果がありますので、リスクは小さくなるでしょう」

久保「為替のリスクもあるのですか？」

陵子「いいえ、ETFは全て円建てで取引が行われています。したがって東証株価指数、日経平均225などは為替の心配はありません。

ただし、外貨建ての資産に投資する場合は、株価指数等の価格変動要因だけではなく、現地通貨と日本円の為替変動を勘案する必要があります（ニューヨークダウなど）」

久保「その他に考えられるリスクはありますか？」

陵子「市場価格乖離リスクというものがあります。

ＥＴＦは、その対象となる株価指数等の値動きと、ＥＴＦの一口当たりの純資産額である基準価格の値動きが一致するように、管理会社（アセットマネジメント）によって、運用される商品ですが、その運用に当たっては、配当落ちなどにより、有価証券の組み入れコストが生じることなどから、一時的に株価指数等と基準価格の値動きが一致しない場合があります。

また、配当落ちによる乖離があります。決算の時に配当金の分、株価が下がります」

久保「配当金の分、株価が下がるとはどういうことですか？」

陵子「決算期には配当金が支払われます。株価は配当金の分が含まれています。

通常、株式を保有して、例えば3月決算で配当金を得たい場合、カレンダーで示します。

水曜日25、木曜日26、金曜日27、土曜日28、日曜日29、月曜日30、火曜日31とします。

権利付き最終日は27日になります（この日に株主必須：権利確定日の2営業日前）。

権利落ち日は30日（株を売っても、配当金はもらえます）。

権利確定日は31日（配当金がもらえる権利が確定）。

このように配当金のもらえる権利確定日が31日火曜日なので、この2営業日前は27日金曜日の権利付き最終日までに株を買って、株主になっておかないと、株主名簿に名前が載らないので、配当金や株主優待はもらえません。

翌営業日の30日月曜日に売却しても、配当金や株主優待はもらえます。これが権利落ち日です。

31日火曜日に、配当金や株主優待がもらえる権利が確定します。これが権利確定日です。31日に株を買っても配当金や、株主優待はもらえません。

これは株式、ＥＴＦ共通ですので、絶対に間違えないでください。

そして実際に配当金を受け取れるのは、株式は2～3か月後です。ＥＴＦはそれよりも2～3か月後になります。

配当落ちとは、例えば3月決算の会社で、株価が３００円の会社で、10円の配当金がある場合、３００円の株価は10円の配当金を含んだ値段です。先の例で権利落ち日は30日でした。この日には株価３００円から配当金の10円を差し引いた２９０円から株価が始まります。これを理論価格と言いますが、実際には３００円よりも高く始まったり、安く始まったり、理論価格通りには行かないのが常です。

ＴＯＰＩＸなどの株価指数について、その構成銘柄である各株式の多くは3月末決算であり、決算付近に株式の配当に係る権利確定日があります。権利確定後、配当落ちにより配当見込み分の株価が下がり、その結果、株価指数の価格も下がります」

久保「しかし、これも理論的なリスクになるのではないでしょうか？」

陵子「どうでしょうか。久保さん。

株式投資は個々の銘柄に付いては、業績などに関心を持たなければなりませんが、ＥＴＦは、これから株式市場は上昇していくのか、下落していくのか、つまり日本の景気の行方を判断すればよいと思います。

そのためには、経済のかじ取りをしている日銀の動向を見ていればよいです。

注意して見ていれば、日銀が買っているのが分かります。日銀は損して売ることはないでしょう。売る時も日銀が売っていれば、一緒に売っていけばよいでしょう」

久保「日銀のＥＴＦの買い。よくわかりました。日銀と一緒に、私も参加したいと思います。ありがとうございました」

iDeCo（個人型確定拠出年金）

加入申し込み手続き

個人事業を営んでいる45歳の坂本さんが事務所に見えた。

20歳の時から国民年金に加入しているが、満額の40年間保険料を納めても受け取る時には、月額65，000円程度と少ない。少し商売も軌道に乗ってきたし、老後のためにお金の運用について相談したいとのこと。

陵子「自営業者の場合、国民年金とセットになっている国民年金基金がありますね」

坂本「はい。細かいことはわかりませんが、制度のあることは知っています」

陵子「この制度は、会社員との年金の差額を解消するために創設された公的年金制度で、自営業者など国民年金の第1号被保険者の老後の所得保障の役割を担うものです。

つまり、坂本さんのような自営業者のための制度です。

国民年金基金には全国国民年金基金と職能型国民年金基金の2種類があります。全国国民年金基金は、国民年金第1号被保険者であれば住所地や業種は問いません。申込は金融機関で、受け取る金額は確定されています。

もし公的年金制度で運用するとなれば、全国国民年金基になります。

一方、同じように個人型確定拠出年金（iDeCo）の制度があります。これは、自分自身で運用するために、うまくいけば大きなリターンが得られますが、運用がまずいと、損失となることもあります。

その他に国民年金の不足を補うものとして、NISAや投資信託、株式などがありますが、どちらを選択しますか？」

坂本「iDeCoについてお話していただけますか？」

陵子「わかりました。坂本さんは、すでに個人型確定拠出年金を考えていたようで、自分の責任で運用したいとの思いがあり、iDeCoと即答されました。

それでは個人型確定拠出年金についてお話します。個人型確定拠出年金は愛称をiDeCoと呼んでいますので、これからは、iDeCoとしてお話をします。

まず加入申し込み手続きについてお話します。

加入の申込手続きは、金融機関の窓口で行います。金融機関経由で国民年金基金連合会に申し込みが行われます。加入申し込み等に必要な書類は、各受付機関に用意してあります。

次に運営管理機関を選定します」

坂本「運営管理機関とは何ですか？」

陵子「運営管理機関とは、一般的には銀行、信託銀行、保険会社、農協といった金融機関です。

運営管理機関には大きく2つの仕事があります。

1つは、加入者の資産残高や運用状況の記録を管理したり、年金の支給（給付）をすることです。

もう一つは、運用に関することで、投資をする金融商品を加入者に提示したり、その金融商品に関する情報を提供したりすることです。

年金資産の運用は、それぞれの運営管理機関が提示する商品の中から選定します。運営管理機関の選定、および運用商品の選定に当たっては、あらかじめ十分な説明を受け、よく検討して選定してください」

運営管理機関とは

陵子「会社員などは、勤務先に確定拠出年金がある場合、企業型の確定拠出年金に加入します。

企業型確定拠出年金は、会社が選択した運営管理機関のため、自分で運営管理機関を選択することはありません。

しかし、iDeCo は自分で選択するため、運営管理機関をどこにするかということが大変重要になります。

運営管理機関の数が多いので、その選択を難しくしています」

坂本「そんなに数が多いのですか?」

陵子「ええ、200社を超える金融機関が国民年金基金連合会に登録しています。運営管理機関は、すべて国民年金基金連合会の委託先となっているので、加入者は、その中から自分で選択します」

坂本「どのような点に注意して選択したらよいのでしょか？」

陵子「特に大切なことは、金融商品のラインナップです。各運営管理機関の品揃えを見ると一見、違いがないように見えますが、しかし、ほんのわずかな違いが、実際に資産運用の際には大きな違いとなって表れます。

したがって、運営管理機関選びは、金融商品の商品内容を理解したうえで、各運営管理機関の金融商品のラインナップを比較します」

坂本「金融商品のラインナップを比較するのはどのようにしたらよいのですか？」

陵子「いくつかの金融機関を訪ねて資料をいただき、比べてみたらよいです。

次に加入時の手数料や、銀行引き落とし時の手数料についても、比較しておきましょう」

坂本「なにか大変なことになってしまったなあ」

陵子「いや、そんなに大変ではないですよ。

まず、iDeCoの加入時手数料は２，８２９円（税込み）かかります。これはiDeCoの運営主体となっている国民年金基金連合会に支払うもので、加入者は全員支払います。

ただし、ごく一部の運営管理機関では、加入時手数料の名目で、国民年金基金連合会に支払うものとは別に徴収しているところもあるので、注意して下さい」

坂本「つまり、加入時手数料は２，８２９円だけと思えばよいのですね」

陵子「そうです。次に加入後に支払う手数料として、口座管理手数料があります。口座管理手数料は、国民年金基金連合会、事務委託先金融機関（信託銀行）、運営管理機関の3か所に支払います。

そのうち国民年金基金連合会には月額105円（年額1，260円）、加入者の運用資金を預かっている事務委託先金融機関には月額66円（年額792円）となっています。

この2つで、年間2，052円となっています。

そして3つ目の支払先である運営管理機関の口座管理手数料ですが、ここがいろいろと違ってきます。

一番安いところではゼロ円、一番高いところで年間5，000円となっています。

ただし、運用資産が50万円以上の場合は運営管理手数料が無料になるなど、ここもいくつかの運営管理機関の比較をしてみたらよいです。

運営管理機関は200社以上ありますが、運営管理手数料が年額3，000円台であれば安い方と言えます。

iDeCoの掛け金は毎月最低5，000円、1，000円単位で限度額まで増額できます。坂本さんの場合は、限度額は月額68，000円までできます」

所得控除とは

陵子「iDeCoの最大のメリットの一つは、毎月決まった掛金を支払い、積み立てながら資産運用を行っていきます。この掛金を支払うことを拠出と言います。そして、この掛金は所得から差し引くことが出来るのです。つまり税金が安くなることです。例えば毎月２万円拠出したとします。坂本さん。年間の所得はいくら位ですか？」

坂本「６００万円くらいです」

陵子「毎月2万円の拠出とすると、年間で24万円ですね。

そうしますと所得の６００万円から24万円差引ますと５７６万円になります。

このように所得が少なくなると、先ず、所得税が安くなり、さらに住民税も安くなります。

実際どの位安くなるか坂本さん。一緒に計算してみましょう。

いいですか。

例えば年間６００万円の場合、24万円の拠出が無い場合、基礎控除や社会保険料控除、給与所得控除などを差し引くと、税金の対象となる課税所得はおよそ２９８万円となります。

課税所得２９８万円だと、所得税の税額はおよそ20万５０００円、住民税は30万３，０００円になり、税金の合計は50万３，５００円になります。

24万円の拠出があった場合。

所得額は24万円少なくなるので、課税所得は274万円となります。

この場合所得税は17万6，500円、住民税は27万9，000円になるので、税金の合計は45万5，500円です。

先ほどの税金合計50万3，500円から拠出した時の税金45万5，500円を差し引くと4万8，000円となります。

つまり毎月2万円、年間24万円拠出すると、税金が4万8，000円安くなることになります（住民税は所得割10％、平成26年度から35年度までの均等割り都道府県1，500円、市区町村3，500円で計算）。

年収600万円の人が、年間24万円の掛け金で4万8，000円の利益を出すということは、年率にしていくらの収益を上げたと思いますか。坂本さん」

坂本「いや、分かりません」

陵子「4万8，000円 ÷24万円 ×100＝20％。

銀行の定期預金に10年預けても0.01％程度の利息しか付きません。

月2万円の拠出で年間20％の利益を毎年、確実に得られるもの、他にありますか」

坂本「所得控除とは金額的にも大きいですね」

陵子「そうです。このような特典を利用しないことはないですね。

事業主は、国民年金第1号被保険者ですから、小規模企業共済掛金払込証明書に記載のある掛金の合計額を確定申告書の小規模企業共済掛金控除欄に記入の上確定申告を行ってください」

坂本「拠出できる金額は、つまり1か月の掛け金は最大いくらまでできるのですか？」

「先ほどもお話しましたが、68，０００円までできます。

iDeCoは、現在のルールでは60歳まで、引き出すことが出来ません。したがって無理のないように計画してください。

iDeCoの掛け金は、毎月、定額の掛け金を拠出（納付日は翌月26日）が基本的な取り扱いですが、平成30年1月より、掛け金の拠出を1年の単位で考え、加入者が年1回以上、任意に決めた月にまとめて拠出（年単位拠出）することも可能になりました。

ただし、年単位拠出は、詳細なルールがあり、注意が必要です」

運用で得られた利益に税金がかからない

陵子「iDeCoの税金面でのメリットは、所得控除だけではありません。運用によって生じた利益に対しても非課税、つまり税金がゼロになります。

資産運用は、自分のお金を銀行や郵便局に預貯金として預けたり、株式や投資信託といった金融商品を購入したりして、お金を殖やすことが目的です。

その際、預貯金の利息や、株式の値上がりによって得られる利益に対して、通常は税金がかかります。

坂本さん。このような利息や利益に対して税金はどの位かかるかご存知ですか」

坂本「いや。詳しくは分からないが税金のかかることは確かです」

陵子「この税金がバカにならないのです。20％に復興特別所得税が0．315％合計、20．315％かかります。

例えば1万円の利益があったとしますと、約2，000円税金として徴収され、手元に残るのは8，000円となります。

しかし、iDeCoでは、利息や利益に対して税金はかかりません。これも大きなメリットです。つまり利息や利益はそのまま運用に回すことが出来ます。言い換えれば複利の運用になるわけです。

このような運用や利息に税金がかからない制度として、ＮＩＳＡがあります。しかし、ＮＩＳＡには先に述べた所得控除の優遇はありません」

受け取る時のメリット

陵子「iDeCoには、もう一つ大きなメリットがあります。それは年金を受け取る時のメリットです。iDeCoは確定拠出年金です。例えば年金として受け取る時には、公的年金控除という控除を受けることが出来ます。

原則として収入金額からその年金に応じて定められている一定の控除額を差し引いた額に5．105％を乗じた金額が源泉徴収されます。

また、一時金として受け取る時は、退職所得控除という控除を受けることが出来ます。退職所得控除の計算は、拠出していた年数を勤続年数として計算できます。坂本さんの場合は60歳までですと15年、20年未満ですから、40万円×15年＝600万円まで控除されます。

これは、確定拠出年金が公的年金制度に組み入れられているからこそ、適用されるメリットです。

民間の保険会社が販売している個人年金保険などには、このようなメリットはありません。

原則60歳から受け取ることが出来ますが、60歳の時点でiDeCoへの加入期間が10年に満たない場合は、支給開始年齢が先送りされます。

どの位先延ばしになるかといいますと、8年以上10年未満は61歳からです。6年以上8年未満は62歳、４年以上６年未満は63歳、２年以上４年未満は64歳、１か月以上２年未満は65歳となります。

坂本さんは、10年以上拠出することが出来ますね？」

坂本「はい。大丈夫です」

陵子「そうしますと、60歳から受け取ることが出来ますが、希望すれば70歳から受取ることも可能です」

坂本「70歳から受取るメリットはなんですか？」

陵子「それは、iDeCo の運用益が非課税という制度を、70歳までそのメリットを生かすことが出来るからです。

掛金の拠出、現在は60歳ですが、運用は70歳までできます。いずれ拠出も65歳という具合に延びることも考えられます。

このように iDeCo は、先ず、掛け金によって所得税及び住民税を節税することができ、運用で得られる利益に対して非課税、さらに受け取る時に税金が軽減されることになります。

つまり３つの大きなメリットを受けることが出来るのです」

運用のカギは「投資信託」の選び方

陵子「iDeCoの最大の特徴は、坂本さん自身が自分で金融商品を選んで、運用することです。サラリーマンの加入する企業型の運用実績を見ると、約6割の人が元本確保型であり、投資信託の運用は約4割です。つまり多くのサラリーマンは運用しないで定期預金にしているのです。実際に受け取る時に、元本が割れていることに愕然とするのではないでしょうか。坂本さん。まず知っておいて欲しいことは、受け取る時が60歳以降、70歳まで運用の期間があるということです。

坂本さんは自営業ですから、定年こそありませんが、死ぬまで仕事を続けるわけではないでしょう」

坂本「もちろん、いつかは仕事から離れます」

陵子「人生100年などと言われていますが、坂本さんのような40代の人たちは、本当に100歳まで生きることが出来る時代になるかもしれません」

坂本「そうですね。私も老後を安心して送れるようになること、その為に老後資産を作ることが最大の目標となります」

陵子「それでは、iDeCoの中身である投資信託についてお話をしていきます。

投資信託とは、たくさんの人から、小口のお金を集め、運用のプロであるファンドマネージャーが株式や債券などに投資を行い、その利益を分配する仕組みになっています。投資信託の商品の多くは「日本株式ファンド」とか「外国株式ファンド」といった名称が付けられています」

坂本「ファンドとは何ですか？」

陵子「投資信託のことをファンドとも言います。各運営管理機関がラインナップしている投資信託の本数は、10〜20本程度で、この中から選んでいきます。

投資信託の種類は大きく分けて5つのタイプに分かれます。一、単位型、追加型、二、投資対象地域　三、投資対象資産、四、独立区分、五、補足分類、となります。

投資対象で分類する場合は、株式、債券、国内、海外の4つであり、これを組み合わせると、日本の国債や企業の社債などを対象とする国内債券型、外国の国債や企業の社債に投資する海外債券型、日本の企業に投資する国内株式型、そして外国の株式市場に上場している株式に投資する海外株式型の4つに大別されます。

さらに海外を欧米の先進国と中国やインド、ブラジルといった新興国の2つに細かく分けることもあります。

この分類を加えると、海外に関するものは先進国債券型・先進国株式型と、新興国債券型・新興国株式型に分類できます。

iDeCoの運営管理機関のラインナップを見ると、どの機関も大体先進国と新興国の投資信託はそろっています。

また、こうした投資対象をミックスしたバランス型というタイプがあります、基本的に理解しておくことは、債券よりも株式の方がリスクが大きく、また国内よりも海外の方がリスクが大きいということです。

国内よりも海外の方がリスクが大きい理由は、為替レートの変動がリスクとして上乗せされるからです。

また、先進国よりも新興国の方が、金融商品及び為替レートの変動幅が大きいため、リスクが大きくなっています。

したがって、リスクの小さなものから順に並べると、国内債券型↓海外債券型↓国内株式型↓海外株式型および新興国債券型↓新興国株式型となります」

坂本「このようなリスクを理解して、自分で選べばよいのですね」

陵子「そうです。もう一つ大切なことがあります。それは運用手法として、インデックスファンドとアクティブファンドがあります。

インデックスファンドとは、投資対象であるインデックスの動きに連動することを目指した投資信託のことです」

坂本「インデックスとは何ですか？」

陵子「それは指数のことです。金融市場にはいろいろな指数があります。代表的なものは日経平均225というのがあります。坂本さん聞いたことがありますか？」

坂本「NHKのニュースで放送している日経平均ということですか」

陵子「そうです。このほかにTOPIX（東証株価指数）があります。米国のNYダウというのもあります。

例えば、日経平均株価に連動する場合、インデックスファンドの価格と、日経平均株価が連動する仕組みとなっています。つまり、日経平均株価が上がれば、投資信託の価格は上がり、日経平均株価が下がれば、投資信託の基準価格が下がることです。もし、日経平均株価が1％上がれば、インデックスファンドも1％上がるように設計されている投資信託です。

インデックスファンドのメリットは、手数料（信託報酬）が割安なことです。

アクティブファンドとは、指数を上回る運用成績を目指す投資信託です。ファンドマネージャー（投資信託を運用する人）は、目標とする指数を上回る値上りを期待できる銘柄に投資します。投資対象となる銘柄を選別するに当たって、企業の事業内容や成長性、業績などを調べ、分析を行い、銘柄の入れ替えを行っていきます。つまり頻繁に売買を繰り返すためにコストがかかります。

注意すべきことは、アクティブファンドは、必ずしも目標とする指数を上回るとは限らない点です」

坂本「先生はインデックスファンドとアクティブファンドのどちらを推奨しますか？」

陵子「あえてお答えするとすれば、私がもし投資信託を購入する場合は、長期的な面から、また、コストの面から、基本的にはアクティブファンドよりもインデックスファンドを選択します。

あくまでも私の考えであって、坂本さんは、坂本さんなりに考えてください。

また、運用は年代によってリスクの取り方が異なってきます。

年代が若い人はリスクを大きく、年代の高い人はできるだけリスクを抑えることが大切です。

坂本さんの年代は、ハイリスク・ハイリターンを求めるのではなく、ミドルリスク・ミドルリターンを目指すことをお勧めします。

つまり、国内株式型25％、海外株式型25％、国内債券型25％、海外債券型25％です。

投資をしていると、株式の暴落などに遭遇します。その時に慌てないでください。

長期投資なのです。それと暴落した時は安くたくさん買えるのです。むしろ喜んでください。

アメリカの投資家の成功した人と失敗した人の違いは、暴落した時に安値で売却した人、安値で購入した人の違いでした。暴落はチャンス、この言葉を忘れないでください」

坂本「iDeCo（個人型確定拠出年金）ついて、最後の言葉。しっかりと覚えておきます。ありがとうございました」

つみたてNISA

今回は、結婚したばかりの山田さんご夫婦が事務所に見えた。ご主人30歳、奥さんは28歳、今年の春結婚したが、今まで投資信託とか投資について、全く関心がありませんでした、とのことであった。

結婚を機に、これから少しずつ資産を作っていきたいと思うが、投資についてどのように学んでいったらよいか、ということで相談にきた。

陵子「奥さんは、働いているのですか」

山田「はい。働いています」

陵子「生活設計について、次の図をご覧ください。お金に色はついていないのですが、色分けする必要があります」

山田「何ですか。色分けとは？」

お金に色がついている？

陵子「次の図には必要と書いてありますが、これは生活費を表しています。

目的とあるのは、将来の子供のための教育費、あるいは車があれば車の諸費用などを意味します。

現在のお住まいは？」

山田「賃貸のマンションです。いずれ住宅を取得したいと思っています」

陵子「そうですか。必要なお金、目的のあるお金などはできるだけリスクの無いもの、あるいは少ないもの、つまり預金にしておきましょう。つまり色を付けたつもりで分けておきます。

それ以外のお金を、余ったお金と言うことで余資と言います。

この余資は、老後に備えて長期に運用しましょう。

その場合、できるだけリスクを大きくとるようにしましょう」

山田「なぜ、リスクを大きくとるのですか？」

陵子「リスクが大きいということは、リターンも大きくなります。

リスクの小さなものはリターンも小さいのです。

みなさんは、できるだけリスクが少なくて、リターンが大きいものを求めているのでしょう？」

山田「そうです」

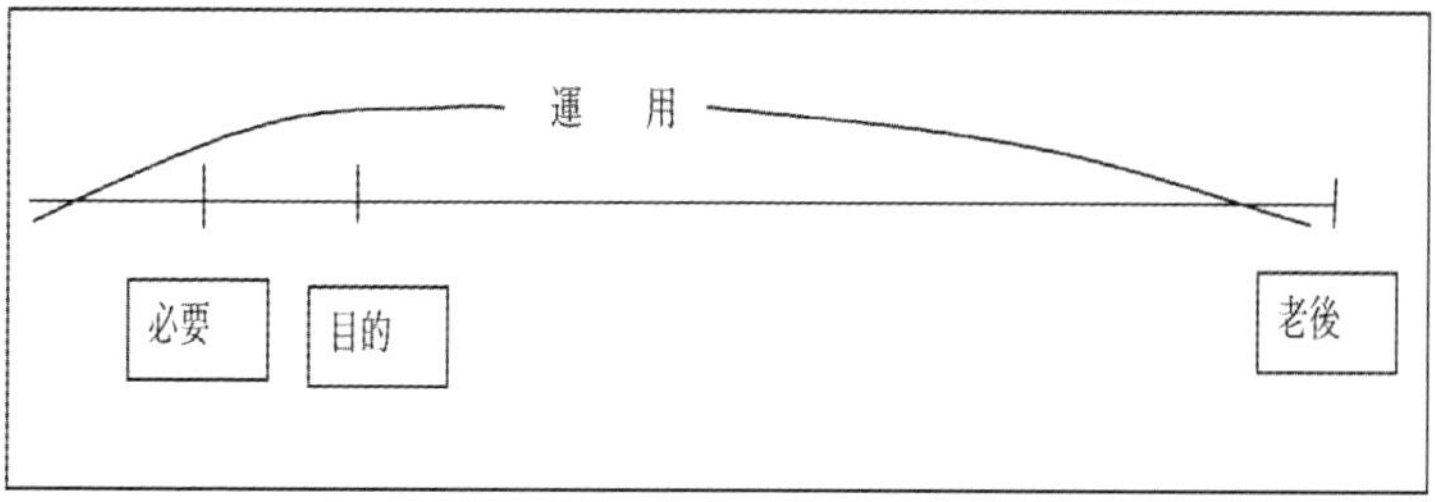

（資料：石森久雄作成）

陵子「しかし、世の中にそのようなものは決してありません。もし、あると言って勧めるものがあれば、それは詐欺です。

日本人は、リスクを好む人は生活費までギャンブルにつぎ込みます。

またリスクを好まない人は、老後の資金まで堅く預金をしています。つまり両極端なのです。

図〝時が流れて〟をご覧下さい。40年、50年経つと、このように物価が上がっていきます。毎日生活していると、いくらか物価の値上がりがあるかな、という程度でしょう、しかし、こんなにも上がっていることに気が付きません」

山田「ラーメンやはがきなど、こんな値段とは思ってもいませんでした。驚きました」

陵子「このように物価が上がるのは日本だけではありません。世界中皆同じです。物価が上がらなければ国も困ります。会社も困ります。家計も困ります。

なぜだかわかりますか？」

時が流れて

	1970年末	2019年10月
ラーメン	100円	600円
ハガキ	7円	63円
封書	15円	84円
山手線1区間	20円	130円
タクシー初乗り	130円	730円
TOPIX	150P	1,660P

（注）TOPIXとは、1968年1月4日を基準日として100ポイントとして東京証券取引所、第1部全銘柄の時価総額の変化を表す指標。（石森久雄作成）

山田「いいえ、分かりません」

陵子「物価が下がって、収入が増えていきますか。世界は物価が上がるように政策を掲げています。

日本でも２％の物価の上昇を試みています。

山田さん。〝時が流れて〟からどのようなことを感じますか？」

山田「こんなに物価が上がっていると、預金ではカバーできません」

陵子「そうですね。その他に気が付くことはありますか？」

山田「ＴＯＰＩＸというのが10倍を超えていますが、これは何ですか？」

陵子「東京証券取引所に上場している第一部の全銘柄の終値の平均です。つまり株式です。資産の形成に必要なものとして、株式が欠かせないということです。つまり物価に勝てるのは株式ということです。

国は、資産形成を図るため、非課税の制度を取り入れています。つまり投資商品に対して税金がかからないようにしています」

山田「資産運用ではなく、資産形成ですか？」

陵子「そうです。資産のない人が１～２、２から３と資産を作っていくことです。

今、国を挙げて資産を形成していこうということで、ＮＩＳＡ、つみたてＮＩＳＡ、確定拠出年金、イデコ（個人型確定拠出年金）など、非課税の制度を取り入れているのです。

山田さん。これらをご存知ですか？」
山田「はい。確定拠出年金は、会社で行っています」
陵子「それでは、投資信託についてご存知ですね？」
山田「いいえ。定期預金にしていますから」
陵子「しかし、〝時は流れて〟で、30年、40年後に受け取る時、こんなはずではなかった、と悔やんでも始まりません。この確定拠出年金は年金という言葉を使っていますが、自分の退職金ですよ」
山田「いや、よくわかりました。会社がお金を出してくれているので、あまり考えなかったのですが、確定拠出年金についてしっかりと勉強します」
陵子「今、非課税の対象となっている口座をいくつかあげましたが、山田さんはどれに投資してみたいと思いますか？」
山田「確定拠出年金は会社で行っているので、ＮＩＳＡについて学びたいと思います」
陵子「ＮＩＳＡには、普通のＮＩＳＡとつみたてＮＩＳＡの2種類があります。普通のＮＩＳＡは、1年間に１２０万円、5年間ですから、６００万円が非課税の対象です。つみたてＮＩＳＡは1年間に40万円、20年間ですから８００万円が非課税の対象となります」
山田「それでは、20年間と長いつみたてＮＩＳＡについてお話を聞きたいと思います」
陵子「はい。私も山田さんは年齢がお若いので、長期にわたる運用がよろしいと思います」

つみたてNISAとは

陵子「それではつみたてNISAの制度的な面からお話していきます。

先ず、つみたてNISAとは、特に少額からの長期の積立です。分散投資をするために作られた非課税累積投資契約に係る少額投資非課税制度の愛称です。

スタートしたのは2018年1月からです。

証券会社などで購入できます。非課税口座を開設して、その口座内に設定する累積投資勘定（つみたてNISA勘定）において、株式投資信託を購入すると、分配金や売買益について、本来20.315%の税金がかかるのですが、それが非課税となる制度です。

口座開設に際しては、マイナンバーも必要になりますのでご用意しておいてください。

非課税の投資枠は、20年間です」

山田「つみたてNISAは誰でもできるのですか？」

陵子「日本に住んでいて20歳以上の人であれば誰でもできます」

山田「途中でお金を引き出すことが出来るのですか？」

陵子「NISA口座内の資産の使い道については特に制限はありません。ただし、非課税投資枠を用いて商品を購入するために使用した投資枠は復活することはできません。

つまり、売却した分に対しては、もう一度その金額を非課税として使うことはできません。つみたてNISA勘定で、ETFや株式投資信託に投資することが出来る金額は一人、1年間で40万円です。月額にすると3．3万円です。これはETFや株式投資信託の買付代金です（手数料は含みません）」

山田「いまETFとありましたが、どういうものですか？」

陵子「ETFとは、日経平均株価とか、トピックス（東証株価指数）などの言葉を聞いたことがありますか？」

山田「はい、NHKのニュースなどで聞いたことがあります」

陵子「そうです。ニュースでよく聞くと思いますが、ETFとは、このような日経平均株価の指数に連動している投資信託の一種です。

つまり、投資信託ですが、普通の投資信託との違いは、証券取引所に上場され、株式と同様に取引されているものです。

言い換えれば、日経平均株価やトピックスという指数が、一つの株式として証券取引所で売買されているのです」

山田「パンフレットを見ると難しい言葉ですが、累積投資契約に基づく定期的かつ継続的な買付けとありますが、どのようなことですか？」

陵子「それはつみたてＮＩＳＡの正式な名称です。つみたてＮＩＳＡ勘定での買い付けは、事前に証券会社などとの間で締結した累積投資契約に基づき、購入する対象となる銘柄を指定したうえで、「1か月に1回」など定期的に一定金額の買付けを行う方法に限られます」

山田「銘柄とは何ですか？」

陵子「銘柄とは、例えば株式についていえば、会社名です。日立だとか、三菱電機などの会社を銘柄と言います。投資信託にもたくさんの種類があります。例えばA投資信託とか、B投資信託とかありますが、それぞれの投資信託のことを銘柄と言います。

山田「口座を開設するのにどこに行けばよいのでしょうか？」

陵子「銀行などでも受付けるところもありますが、ＥＴＦや株式投資信託が中心となるので、一般的には証券会社となるでしょう」

山田「つみたてＮＩＳＡ勘定で実際に非課税となる利益とは、どのようなものですか？」

陵子「つみたてＮＩＳＡ勘定で非課税になるのは、ＮＩＳＡ勘定で買付けたＥＴＦや株式投資信託に係る分配金や売買益です。ただし、ＥＴＦの分配金を非課税とするためには、証券会社で分配金を受領する「株式数比例配分方式」を選択しなければなりません」

山田「ＮＩＳＡ口座は、複数の証券会社でできますか？」

陵子「非課税口座となっているので、1つの証券会社でしかできません」

山田「一度契約すると、他の証券会社に変更することはできないのですか？」

陵子「いいえ、1年単位で変更することが出来ます。

制度的な説明は以上のようです。

それでは実際の運用についてお話をしましょう。

金融庁は、若年層を対象とした資産形成の促進を図るため、「長期・分散・積立、低コスト」という投資の大原則に基づいたつみたてNISAをスタートさせました。

普通NISAで投資信託を購入する場合、公募株式投資信託は6，000本に近く、ETFが200本以上とたくさんある銘柄の中から選択しなければなりません。

しかし、つみたてNISAでは公募株式投資信託とETFを合わせて全体で180銘柄位に厳しく選択されています。そのため銘柄の選択は現行NISAと比べ容易になりました。

つまり、つみたてNISAは以下のように金融庁が厳選しているので、投資信託のエリートと言っても過言ではないです。

あるいは金融庁のお墨付きの投資信託と言ってもよいでしょう。

金融庁により対象商品は次のように厳しい取り扱いとなっています。
○　長期の積立・分散投資に適した一定の投資信託。
○　例えば公募株式投信の場合、以下の要件をすべて満たすもの。

・販売手数料はゼロ（ノーロードと言います）
・信託報酬は、一定水準以下（例：国内株のインデックス投信の場合は0.5％以下、海外資産対象は0.75％以下）に限定
・アクティブ（積極運用）型は、純資産50億円以上で5年以上の運用実績があり、運用実績期間の3分の2以上で資金流入超過となっているもの。信託報酬は、国内資産対象1％以下、海外資産対象1.5％以下などとなっています。
・顧客1人に対して、その顧客が過去1年間に負担した信託報酬の概算金額を通知すること、
・信託契約期間が無期限または20年以上であること
・分配頻度が毎月でないもの
・ヘッジ目的の場合等を除き、デリバティブ取引による運用を行っていないこと
ETFは、指定されたインデックスに連動していること。投資の対象資産が株式であること。最低取引単位は1，000円以下、販売手数料1．25％以下。国内取引所に上場しているものは信託報酬0．25％以下、外国取引所に上場しているものは資産残高が1兆円以上、信託報酬は、0．25％以下などとなっています。

つみたてNISAは、このような厳しい条件をクリアした投信に限られています。

このようにつみたてNISAの対象商品は、手数料が低水準、頻繁に分配金が支払われないなど、長期・積立・分散投資に適した公募株式投資信託とETFに限定されており、投資

の初心者を始め、幅広い年代の人にとって利用しやすい仕組みとなっています」

山田「大体理解出来ました。難しい言葉が出てきましたので、説明してください。信託報酬とは何ですか？」

陵子「信託報酬とは、その投資信託を運用している会社、販売した会社、管理している銀行に対して、その投資信託が存続している間、投資家が支払う手数料です。

したがってその手数料をインデックス型投資信託の場合は、国内投信は低く抑えて0.5％以下としています」

山田「インデックス型とは何ですか？」

陵子「投資信託には大きく2つのタイプがあります。インデックス型とは、日経平均株価や東証株価指数（ＴＯＰＩＸ）など、特定の指数と同じ値動きをするように設計された投資信託です。

指数とは市場の平均となるように数値化したもので、例えば日経平均とは、日本を代表する225社から算出された株価指数のことです。

もう一つ代表的なタイプとしてアクティブ型というのがあります。アクティブ型は市場平均よりも良いリターンを得るように、銘柄選択や投資手法などファンドマネージャー（投資信託を運用する人）が独自に組み合わせた投資信託です。こちらは市場平均に勝つこともあれば負けることもあります。

投資信託を選択するときに、このインデックス型とアクティブ型には充分注意して下さい。

つみたてＮＩＳＡは、毎年40万円を上限として、ＥＴＦと投資信託の購入が可能です。

各年に購入した投資信託を保有している間に得た分配金と、値上がりした後に売却して得た利益（譲渡益）が購入した年から数えて20年間、課税されません。したがって投資総額は最大８００万円となります。

非課税機関の20年間が終了した時には、ＮＩＳＡ口座以外の課税講座（一般口座や特定口座）に払い出されます。つみたてＮＩＳＡは、翌年の非課税投資枠に移すことはできません。

20年度税制改正大綱により、つみたてＮＩＳＡについて、口座の開設は従来２０３７年末で終了ということでしたが期限を5年延長し、２０４２年までとなりました。

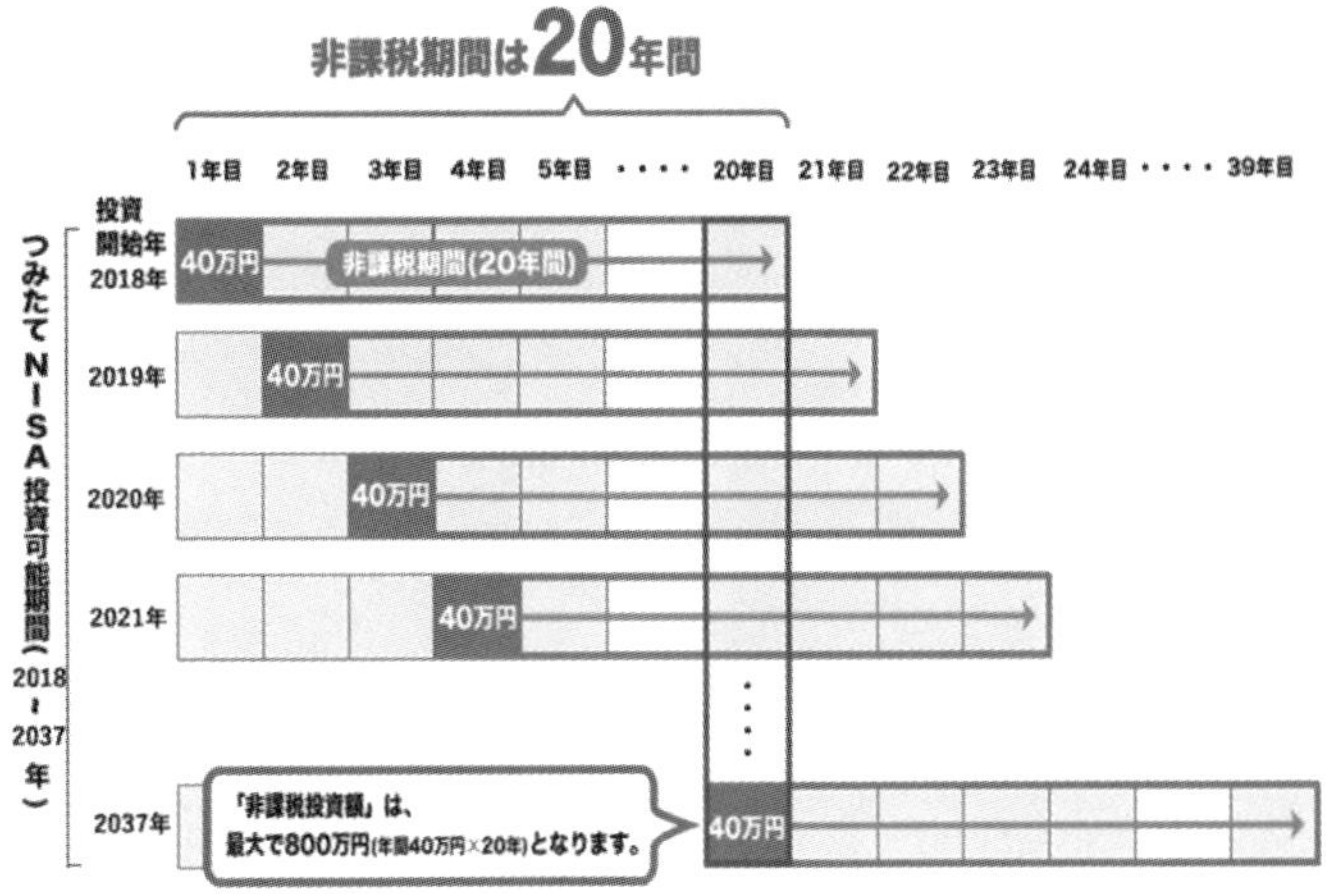

（資料　金融庁ホームページより）

原則として、何時から始めても20年間非課税になるように改められました。

つまり２０４２年に口座開設した場合でも、20年間非課税ということです」

つみたてＮＩＳＡと長期投資

陵子「つみたてＮＩＳＡの特色は、少額をコツコツと投資することができ、20年間という長期にわたって資産を殖やすことができます。

20年間の毎月の積み立てであれば、投資のタイミングを考える必要はありません。

投資のタイミングとは、今が安いところなのか、高いところなのかの判断は必要ありません。

なぜならば価格が下がっていれば口数が多く、価格の高いときは口数が少ない、いわゆるドルコスト平均法の活用ができるからです。

ドルコスト平均法とは、例えば、株式市場がバブルの時、１９８９年12月末の日経平均株価は38，９１５円の最高値でしたが、翌90年1月以降、日経平均株価に毎月1万円ずつ投資をしていた場合、途中サブプライム・ローンの問題やリーマンショックなど、株価の暴落もあり、日経平均株が7，１００円台にまで下がり、ようやく少し持ち直して高くなりましたが、それでも２０１６年12月末の株価は19，０００円台。そこまでの27年間、お金を積み立てていった場合どうなっているでしょうか？　株価はバブルの時と比較してちょうど半値です。山田さん、どうでしょう。利益が出ていると思いますか。それとも損していると思いますか？」

山田「分からないけれど、半分の値段になっているので損だと思う」

陵子「奥さまは、利益か損、どちらだと思いますか？」

妻「私も半分の値段だと、やはり損をしていると思います」

陵子「そうです。確かに株価は半値になっています。しかし27年間、毎月1万円投資している投資金額は、

1万円×12×27＝324万円になります。

評価額は約442万円となっているので、442万円マイナス324万円＝118万円の投資収益が得られると試算されています」

山田「値段が半分しか戻らなくて、なぜ利益となるのですか？」

陵子「それでは1口200円の株価であれば、1万円で何口買えますか？」

山田「10，000÷200＝50口……」

陵子「それでは1口500円の株価なら1万円で何口買えますか？」

山田「20口。ああそうか、安ければたくさん買える、高いと少ない」

陵子「そうです。これが「ドルコスト平均法」を用いた長期投資の魅力なのです。

世界の株式市場はもっと、もっと値上がりしているので、海外の投資信託を併せて組み入れて運用していたら、より多くの利益が出ていることでしょう。

例えば1万円ずつ毎月投資する場合、

日本の株式25%、海外の株式25%、日本の債券25%、海外の債券25%、

このような組み合わせも参考にしたらよいです。

つみたてＮＩＳＡで一番重要なことは、株価が暴落したときなど、もっと、もっと下がるなど、不安に駆られます。

しかし、この暴落は数量が余計にたくさん買える時、絶好のチャンスと喜んでください。

アメリカの401k（日本の確定拠出年金のもとになったもの）で成功した人と失敗して人の違いは、株式が暴落した時の処し方で大きな違いが出ました。

ドル・コスト平均法の計算例

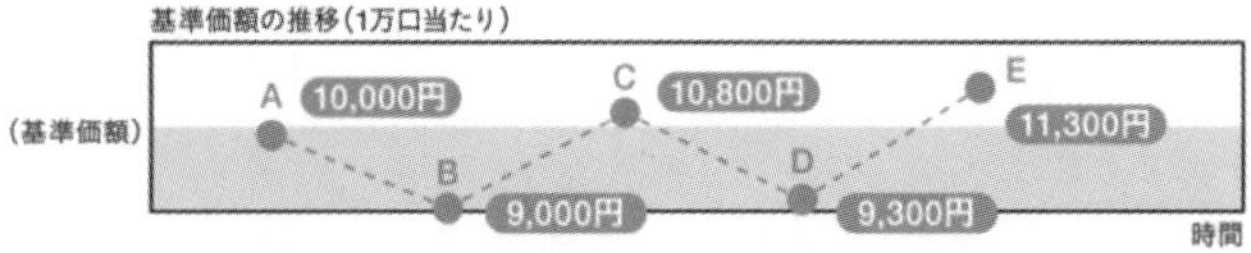

定額購入方法（ドル・コスト平均法）による買付け（毎月1万円購入の場合）※買付手数料は考慮していません。

	A	B	C	D	E	計
買付金額（円）	10,000	10,000	10,000	10,000	10,000	50,000
買付口数（口）	10,000	11,111	9,259	10,753	8,850	49,973

1万口当たりの平均買付価格 10,005円

定量購入方法による買付け（毎月1万口ずつ購入の場合）

	A	B	C	D	E	計
買付金額（円）	10,000	9,000	10,800	9,300	11,300	50,400
買付口数（口）	10,000	10,000	10,000	10,000	10,000	50,000

1万口当たりの平均買付価格 10,080円

（資料　日本証券業協会ホームページより）

暴落は是非喜んでください。

とにかく今日、明日のことではなく、30年、40年先を見ていてください。

先ほどの日経平均のドルコスト平均法をいつも頭に入れておいてください。

それから、会社での確定拠出年金、年に2回位報告書が送られてくると思いますが、ご覧になっていますか？」

山田「いいえ。見ていないです」

陵子「ご覧になってくださいね。投資元本が割れているかどうか確認してみてください」

山田「なぜですか。定期預金だから元本割れはないでしょう」

陵子「いいえ。確定拠出年金には、口座管理手数料があるのですが、定期預金の利息が付かないため、手数料をカバーできなくなっていると思います」

山田「それは大変。早速確認してみます。1時間の相談でしたが、最後の運用方法を参考に銘柄を検討してみます。ありがとうございました」とご夫婦は笑顔で退出していった。

第4章　訪れる不幸

出会い

陵子は相談に満足して帰る夫婦を見ながら、ふと、自分の過去に思いを巡らせていた。
こうして現在FPとして活躍できているのも、あの経験が糧になったのだと思えるが、当時は死をも考える日々であったのだ。

中川陵子の父は明治の生まれで、長野からバスケット篭一つをさげて東京に出てきて、一代で運送会社を興し、東京日本橋に本社を有する会社にまで発展させ、父亡き後は長男が引き継いでいる。

恵まれた家庭の三女として何不自由なく過ごし、私立大学の英文科を卒業してから、趣味の西洋磁器の絵付けづくりに没頭していた。

陵子と夫の中川和雄との出会いは、東京オリンピックで日本中が沸いていた昭和39年10月で、日本橋の三越デパートで催されていた、西洋磁器の絵付け教室仲間による発表展示会で、陵子の描いた童謡の挿絵のような絵皿を、中川和雄が買ったのがきっかけであった。

絵皿は夜の森を背景に、北欧風の小さな家の窓には暖かい灯火の色があった。和雄はこのような絵を描いた陵子に気持ちを寄せていった。

１年後の昭和40年に結婚し、立川に新居を構えた。中川陵子24歳、和雄31歳のときであった。和雄は東京都下青梅市の出身で、父親は米穀店を経営しており、その次男として私立大学の商学部を出て大手銀行の日本橋支店に勤務していた。

昭和41年長女多嘉子が生まれ、翌年昭和42年に八王子に住居を新築したとたん、神戸支店に転勤となった。

妻と長女を伴い和雄は、三の宮にある銀行の家族寮に引っ越すことになったが、銀行とは皮肉なもので、家を新築すると転勤となるケースが多い。

人事部は意地悪しているのではないかと、多くの行員は陰でささやいている。

銀行という職業柄、２年から3年くらいで転勤することが多く、なかなか自宅を新築する行員は少ないが、和雄のように一戸建ての住まいを持つ場合は、単身の場合を除き、銀行が借り上げ、銀行の幹部行員の住まいとして貸すことが多い。

昭和44年に長男幸男が生まれた時に、横浜支店に転勤となったため、やっと我が家に住めるようになった。

昭和62年9月に天皇陛下は、すい臓疾患による十二指腸の手術を受けた際、病変部にガン細胞が発見され、ちょうど1年後の63年9月に大量吐血され、ご容体が急変した。

年末から昭和64年の新年にかけて、昭和天皇のご容態は一進一退を繰り返していたが、1月の7日崩御された。

新元号は「平和が達成される」という意味をこめて平成に決まった。

昭和64年1月8日が改元の日となり、昭和から平成になった。

新元号を発表したのは当時の官房長官であり、後に総理大臣となった小渕恵三であった。

平成元年のスタートを切った翌1月9日の株式市場は、昭和天皇崩御に伴う自粛ムードで、売り買いとも大口注文は手控えられた。

しかし新しい時代を期待した個人の投資家を中心とした買い物が入り、日経平均の午前の終値は30，450円48銭と最高値を更新した。

平成の時代になってからも経済は活況を持続し、株価もうなぎ上りとなり、ゴルフの会員権や土地の高騰など日本中が浮かれていた。

夫和雄の突然の死

子供たちも成長し、長女多嘉子はテレビ局に勤めながら、日曜日には自宅でエレクトーン教室を開き、子供たちに教えている。

長男はアメリカのフィラデルフィアの大学で、ＭＩＳ（経営、情報、コンピューター）を学んでいた。

そんな幸せの日々を過ごしているとき、突然夫和雄が心不全で死亡した。55歳のときである。

バブルの絶頂期である平成元年７月も終わりの暑い日であった。

和雄は亡くなるちょうど10年前、単身で岡山支店長として赴任していた時に、軽い心筋梗塞で１か月ほど入院したことがある。

比較的順調な経過をたどって回復し、昭和56年４月には監査部長として東京に戻った。

当初は月に一度、その後は２月に一度の割合で、自宅から余り遠くない相模原にある私立大学付属病院に検査のために通っていた。

昭和58年６月、49歳の時に融資先の上場企業Ｋ通信機会社に取締役経理部長として出向を命ぜられ、その後、常務取締役となって転籍となる。

銀行では、40代になると子会社や関連会社への出向が始まり、また銀行本体に戻る場合もあるが、ほとんどそのまま転籍となることが多い。

和雄の場合も上場会社の役員として転籍しており、恵まれた異動であった。

心筋梗塞を患ってからは趣味の鮎釣りも控え、ゴルフも適当にたしなんでおり、健康には常に気を遣っていた。


天皇陛下崩御により、企業や各団体は予定していたイベントを控える動きが次々と出はじめ、国全体が重苦しい空気に沈んでいた。

平成元年2月、和雄はいつものように病院の定期検査から帰ってくると、

「主治医の安藤先生から、不整脈があるので一度検査をかねて入院を勧められたがどうしよう」

と陵子に話し掛けた。

「そうね。いろいろと検査をしておいた方が良いわね」

「そんなに急ぐこともないといっていたので、仕事の様子をみながら、入院することにしよう」

と軽い気持ちで入院することに決めた。

経理担当の役員のため、3月から6月の初めにかけては、会社の決算や株主総会など、重要なスケジュールが重なっており、入院は6月末になった。

陵子がナースステーションを訪れると、看護婦がすぐにきた。

「先生から検査についてのお話しがありますので、奥様もご一緒に後ほど、ナースステーションに来ていただけますか」

「時間は何時でしょう」

「呼びに来ますので、それまでお待ちください」

ナースステーションの奥のほうに、気むずかしい顔をした安藤先生が座っており、二人は促されて椅子に腰掛けると、心臓のバイパス手術についての必要性と、寿命は長くなるが、大変難しい手術である旨の説明を受け、手術をすることに対する承諾を求めた。


６月19日、いよいよ手術の日である。朝から雨がひとひとと降っていたが、陵子、長女の多嘉子、長男の幸男も８時には病室に既に来ており、父親の和雄と談笑している。

和雄の兄弟夫婦、陵子の姉妹夫婦もそれぞれ病院に駆け付け、病室も賑やかになっている。

和雄は手術着に着替えてベットに横たわりながら、

「心筋梗塞は心臓を取り巻く冠動脈の一部が狭くなったり、詰まったりして血液の流れが悪くなるために起こるので、血流をよくするために血管を迂回させるバイパス手術が必要になるんだ」

と幸男や多嘉子に説明している。

「心臓をいったん身体の外に出すので、人工心臓を使う」

と明るく手術の様子を皆に説明している。

看護婦さんから、

「それでは中川さん、元気に行ってきましょう」

と促され、

「じゃー行ってくるよ」

と皆に挨拶をし、手を振りながら笑顔で手術室に向かった。

しかしこの言葉が最後の言葉となってしまうとは、居合わせた誰もが思っていなかった。

長い手術が終わり、夕方、安藤医師から手術の説明があったが、結果は思わしくない、今日、明日が峠であるという説明があった。

夜半には親戚の人達が集まりだした。

親戚の者、皆が病院に泊まったが、一睡も出来ない。

沈黙した時間が続いている。


和雄は麻酔から覚めることがなく、意識の回復がない毎日がつづいた。

陵子は、今日はもうだめかという絶望感と、今日は気がついて欲しいと祈りながら、毎日朝と夕方には病院に向かい、白衣を着用し、マスクを掛けて病室に足を運んでいる。

カテーテルを大静脈や肺動脈に挿入して、中心静脈圧や心拍出量（心臓から打ち出される血液の量）の測定を行い、心不全の状態を観察している。

医師からは透析の必要が出てきたために行ったとか、今日は血圧など少し快方に向かっているなど、毎日病状の説明があるが、相変わらず意識の回復がない。

陵子は食事も喉を通らず、夜も眠れない毎日が続いている。

子供たちの食事の支度も手につかない状態となり、見かねて親戚の者が入れ替わり家に来て、食事の支度をしてくれている。

陵子の身体を心配して親戚の人達は、代わりに病院にいくから、今日は休んだらと言葉をかけてくれるが、朝になると心配になり、病院に駆けつけていく。

長女の多嘉子も元気を出すように励ましてくれるが、陵子は自分の体が衰弱していくのを感じながら、やり場のない気持ちをどうすることもできなかった。

和雄が意識の回復がないまま息を引き取ったのは、手術後38日を経過した7月27日である。

妻陵子にとって地獄の38日間が終わったのである。

体中の血液が下がり、頭が真っ白になっていくのがわかった。

義兄の章一郎から、

「陵ちゃん、しっかりして。これからやることがたくさんあるよ」

と促され、我に返った。

義兄の章一郎が病院からの搬送、家に戻ってから葬儀社への連絡、通夜、告別式の手順など、陵子に相談しながら、てきぱきと進めてくれた。

陵子は葬儀を行うことがこんなに大変ということは、思いもよらなかった。

次から次へと弔問客が訪れるため、悲嘆にくれている暇もない。


和雄は、永年勤めた銀行から上場会社に転籍した際、役員になるとその会社の株式を所有しなければならないため、学生時代の友人が勤務している山三証券本店で、自社であるK通信工業の株式を購入したのがきっかけで、株式の売買を始めた。

その後友人は海外に転勤となったため、地元の八王子支店に口座が移り、そこで引き続き売買をしていた。

折りからの右肩上がりの相場であったため、購入した株式は大きく値上がりし、利益も膨らみ、保有株式もだんだんに増えていった。

「陵子、しばらく旅行していないので、夏には北海道へでも行ってみるか」

と夫が久しぶりに言葉をかけてくれたことがつい昨日のように思い出される。

和雄が亡くなった時に保有していた株式を時価で計算すると、K通信機会社の株式は高くなっており、またかつて勤めていた銀行の株式や、その他の株式をと合わせると1億円を超える金額になっていた。

葬儀の日に山三証券の本社から山下営業部長が岡本八王子支店長を伴いお悔やみに訪れ、

「ご主人は、外国の現地法人の社長をしている山崎の、学生時代のお友達ということで、当社では特に大切なお客様として、お取引をいただいておりました。山崎も近いうちに日本に戻り、お悔やみに参りたいと申しておりました。また奥様におかれましてもくれぐれも御身大切にと案じておりました」

「ありがとうございます」

横から岡本支店長から、

「奥様、相続については私どもにすべてお任せください。相続税がゼロなるようにしますから」と言葉をかけられ、

陵子は、

「何分にもよろしくお願いします」

と応えてしまった。

葬儀の始まる前のあわただしい最中であり、落ち着いて判断できる状況ではなかったが、つい軽く返事をしてしまった事が、後に大変な問題となることとは夢にも思っていなかった。

第5章　証券取引開始

相続する

山三証券の山田営業課長が陵子宅を訪ねてきたのは、葬儀が終わって2週間経ってからである。

「家の中もまだ片付いておりませんが、まあどうぞお上がりください」

「それでは失礼させていただきます」

応接間には灯台と海が描かれた、明るい感じの10号の油絵が掛けてあった。

山田営業課長が言った。

「この絵はどなたの作ですか」

「あまり有名な画家ではないようですが、主人が気に入っていた絵ですの」

「こちらの風景画もいい絵ですね」ともう一方の壁に掛かっている絵を眺めている。

「そちらの絵は、近くに住む知り合いの女性の画家が描いたものです。その画家の描いた絵はいくつか持っているのでたまには絵を入れ替えていました」

「そうでしたね、御主人は絵が好きでしたから」

「美術館やデパートなどの展覧会には、よく主人と二人で出かけました」

「何か飲み物でもいかがですか」

「どうぞ、お構いなく」

「紅茶とコーヒーのどちらがお好きですか」

「それではコーヒーをお願いします」

「突然のことでしたので、さぞ御心労のことと思います。少しは落ち着くことができましたか」

「いやまだ頭が混乱していて、何から手をつけてよいかわかりません」

「そうでしょうね、まだ２週間ですから。取り敢えず私どもの手続きだけは済ませておきましょう」

「そうですね。お願いします」

山田営業課長はカバンから書類を取り出した。

「まずこちらが相続の手続きですが、相続人のお子様のお名前と印鑑、それから代表相続人として奥様のお名前と印鑑をお願いします。こちらは印鑑証明の取れる印鑑でお願いします」

「実印ですね」

「そうです」

山田営業課長はさらにいろいろ書類を取り出した。

「奥様、こちらの書類はご主人名義の株式を、奥様の名義に変更する名義書換えの書類です。住所とお名前を記入して頂ければ、印鑑は私が押します。

こちらは実印ではなく、普通の印鑑で結構ですが、銀行印など紛失しない印鑑でお願いします」

「はい。では印鑑をお願いします」

と印鑑を渡した。

「NTT株式については私も1株持っているので、主人の株式も売却しないで持っていようと思いますので、名義書換えをしておきます」

「奥様のNTTの株式に使用している印鑑と同じですか」

「そうです」

「この書類は売買の取引口座開設の書類です。こちらにも記入をお願いします」

「この書類は保護預り口座の設定の書類です」

「お得意様カードの書類です」

と山田営業課長は次から次へと書類を出した。

「随分たくさんの書類があるのですね」

と陵子が問うと、

「ええ、しかし取引を始める時だけですから」

と山田営業課長は答えた。

このようにたくさんの書類に記入していくそばから、山田営業課長は印鑑を押していったが、陵子は一つひとつ理解し、確認ができたわけではなかった。


↓「名義書換」について説明しておきます。

名義書換えとは、株式を発行している会社に、株主であることを主張するため、株主名簿に住所、氏名を記載しなければならない。名義書換えの手続きは、証券会社を通して行う。株主となって初めて配当金や増資新株の割り当てを受けることができるのである。

現在は保管振替制度という仕組みを利用すると、名義書換えの手続きを行わず、配当金など株主の権利を行使できるようになっている。


↓「取引口座」について説明します。

取引口座とは、証券会社との取引を開始するときには、口座を開設しなければならない。その際「本人確認書類（免許証・住民票の写しなど）」が必要となります。

↓「保護預り口座」について説明します。

保護預かり口座とは、証券会社が顧客の有価証券等を顧客のために保管すること。証券会社と顧客の間で日本証券業協会の定める保護預かりの約款により、契約を締結することです。

有価証券の保管、出納はすべてこの口座で処理し、口座管理料が徴収されるが、証券会社によって異なる。


↓「お得意様カード」について説明します。

お得意様カードとは、証券業協会では、「顧客カード」に顧客の氏名、住所および連絡先、職業および年齢、投資目的、資産の状況、投資経験の有無、取引の種類、顧客となった動機などの記載を義務付けている。


相続開始の手続きの書類と、山三証券の取引に必要な書類に記入、捺印が終わって、冷めたコーヒーを飲みながら、山田営業課長は、和雄と友人の山崎の話題にしばし触れながら、本店から相続の担当者がご挨拶に伺いますので、その節はよろしくお願いしますと、言葉を残して陵子の家を後にした。

それからしばらくして、山三証券の岡本八王子支店長が、本店の相続等の担当者を連れてやってきた。

岡本支店長から紹介された三木課長は、

「相続の御相談は何回か受けておりますので、どんなことでもおっしゃってください」

と会釈を交わし、株式投資について、

「御主人は上手に株式を運用していたようですね」

と感心していた。

その後三木課長は何回か相続税の対象となる資産について打合せのために来宅し、最後に見えたのは８月も終わりの暑い日であった。

汗をハンカチでふきながらカバンから書類を取り出し、

「今年の夏は暑い日が続きますね。奥さん、税務署に提出する相続税申告書にこのように金額を書き込んで下さい」

と下書きのしてある書類を差し出し、税務署に申告する書類に同じ数字を記入するように促した。

税務署に提出する書類は、税理士が作成することは認められているが、税理士の資格のない人が作成することは認められていない。しかし、税理士以外の人が下書きをして、相続人本人が記入し、作成することであれば差支えない。

三木課長は、陵子の記入が済んだところで言った。

「あとは印鑑を押すだけです。これで相続については完了、税務署に提出するだけです」

「ありがとうございました。税務署の関係が終わったのでほっとしましたわ」

陵子は安堵の色を浮かべた。

9月に入って中川陵子宅を訪れた山田営業課長が切り出した。

「NTT株を残して他の株式は売却しましょう」

「それで結構です」

陵子は、子供達にもそれぞれ相続として現金を渡し、残った金額は8,000万円であった。

この資金を元に運用をすることになるが、今まで証券に関することは夫和雄がすべて行っていたため、NTTを1株所有していても何も分からなかった。

山田課長は、自信満々の顔で言った
「投資信託ですが、公社債を中心に運用しましょう。私にすべてお任せください」


➡「投資信託」について説明します。

投資信託とは、投資家から集めたお金を一つの大きな資金としてまとめ、運用の専門家が株式や債券などに投資・運用する商品。

こうして証券の売買が始まっていった。

山田課長は売買には慎重で、投資信託についても丁寧に説明し、折からのバブル景気に乗って順調に基準価格を上げていたし、株式投資も始めていたため、そこそこの利益を出していた。

担当者の転勤

山田課長が珍しく連れを伴って、中川宅を訪ねてきたのは平成元年12月の始めであった。新しい担当は佐久間といった。陵子は株取引はそろそろ終わりにしたいと思っていた。ところが年が明けた平成2年の「発会」から金利の引き上げを懸念した売り物と、外国証券会社から先物との「裁定取引」解消による現物売りが継続して出ているため、株価の値下がりに拍車をかけていった。

↓「発会《はっかい》」について説明します。

発会とは、証券取引所で1年の始めの取引が行われる日。通常は1月4日（土曜、休日は除く）証券取引所で1年の最後の売買が行われる日を大納会《だいのうかい》という（通常は12月30日、土曜、休日を除く）。

↓「裁定取引」について説明します。

裁定取引とは、現物とデリバティブ、またはデリバティブ商品間の価格の「歪み」「かい離」を利用して利益を得ようとする取引。割安と思われる方を買い、割高と思われる方を売って収益を得る。

昭和63年9月東証に株価指数先物取引が導入されて以来、初めて兜町が見舞われた先物と現物株の連鎖安である。

市場ではどこまで株価が下がるか見当がつかない状態となっていった。

投資信託の基準価格も連日の下げとなり、日経平均株価は平成元年12月末の最高値38，915円から、年が明けてわずか3か月の間に28，000円台へと10，000円余りの大幅な下落となっていった。

↓「日経平均株価」について説明します。

日経平均株価とは、東京証券取引所に上場されている銘柄のうち、代表的な225銘柄を平均し、連続性を失わないように株価の権利落ちなどを修正した平均株価。

昔はダウ平均と呼ばれ、昭和24年に証券取引所が再開されて以来、継続している株式指標。

当時、日銀の三重野総裁はこのように株価が急落している最中の３月に公定歩合を１％引き上げた。

さらに平成２年８月にも0.75％公定歩合の引き上げを実施して６％としたため、景気は一気に冷え込むこととなり、その後の長期不況へとつながっていくことになる。

↓「公定歩合」について説明しておきます。

公定歩合とは、日銀が民間金融機関に対して貸出を行う際に適用する金利。かっては公定歩合を基準に各種金利が決められていたが、現在は金融自由化の進展に伴い、公定歩合が各種の金利をリードする関係は薄れてきている。

平成３年12月にはソ連邦が解体し、冷戦の終結となった。

株式市場は下げ足をさらに早め、平成４年３月に日経平均株価は２万円を割り込み、年７％の保証どころではなく、保有株式の値下がりと、投資信託の基準価格の値下がりが続いている。陵子は投資信託を５００万円、１，０００万円単位で購入しているため、損失は拡大するばかりであった。

気をもむ陵子のもとへ営業課長の佐久間から電話があった。

「今度新しく建設株を中心に運用する投資信託がでました。いまお持ちの小型株中心の投資信託を売却して、こちらに換えておきました。これで今までの損も挽回できますよ」

と事後承諾の連絡であった。

↓「小型株」について説明します。

小型株とは、資本金が小さく、発行株数の少ない会社の株式をいう。大型株に比べて流通株数が少ないため、値動きは比較的大きくなりがちであり、短期間のうちに値上がりを期待する投資家には好まれている。

陵子は不満を口にした。

「佐久間さんが小型株を組入れた投信が良いといって購入したのでしょう。損して売らなくても良かったのに」

「申し訳ありません。小型株が良いと思ったのですが、見通しを誤りました。政府が財政支出を大幅に増やすので、これからは建設株が買われると思います」

と乗り換えの理由を説明している。

証券会社の営業マンは手数料を稼ぐために、顧客の保有している投資信託を、損失が出るのに売却して、新しく募集を始める投信に乗り換えを奨める、つまり「損切り乗り換え」ということを陵子は新聞で見たことがある。

大蔵省は「損切り乗り換え」に対して、証券会社に注意を促していたが、一向に改める様子はないという記事であった。

そうしたなか再び佐久間から電話が入り、

「奥さん、公開会社を手に入れることができました。これで少し挽回できます」

といって買い付けの事後報告があった。


↓「公開会社」について説明します。

公開会社とは、特定の個人、法人に株式を保有されている会社が、広く一般から資金を調達することを目的に、株式を公開して取引所に上場、あるいは店頭登録することをいいます。

　株式を公開することによって、企業の社会的信用の向上などが得られます。


まだ当時は公開株神話があって、公開会社の始値は高く始まることが多く、証券会社の営業政策として、株式や投資信託で大きな損失を被った顧客に対して、その穴埋めとして新規に公開する株式を優先的に回してくれることがある、ということを陵子は後に友人から聞いた。

陵子は電話で、

「損失が大きく、もう取引を終りにしたいと思います」

と言っても、

「大丈夫ですよ、相場も近いうちに必ず反騰始めます」

と返され、営業課長の佐久間は取り合ってくれなかった。

信用取引での株式購入

平成5年に入ると営業課長の佐久間が転勤となり、石川という営業課長の担当となった。

公定歩合も最高であった平成2年の6％から次第に下がり、平成5年2月には2.5％まで下がっていた。

陵子は支店に出向き、「損失も大きくなるので、もう取引を終わりにしたいです」

と申し入れをしたが、営業課長の石川は、

「私なら挽回できます。年利3％で回しますから、任せて下さい」

と解約に応じない。

店の奥から新しく赴任した田中支店長も出てきて、

「奥さん、私が保証しますから任せてください」と言葉をかけてきた。

陵子は、きっぱりと断ることができない優柔不断な自分に対して、自己嫌悪に落ちていく。

ＦＰとして活躍している今であれば、これが禁止行為であることはわかるのだが、当時は知るよしもなかった。

「大分損失がでているので、信用取引で挽回を図る」

と石川が持ち掛けてきたのは、８月の細川連立内閣が発足した時であった。

信用取引とは何ですかと石川営業課長に問いただすと、

「日証金」という所からお金を借りて取引することですとの返事。

「借金をしてまで買いたくありません」

と陵子は断ったが、
石川は、

「資金を増やせば、回収は早いです」

と執拗に借入れを迫った。

陵子ははっきりと断ることができず、ずるずると借入れすることになってしまった。


↓「信用取引」について説明しておきます。

日本証券金融という証券取引法（現在は金融商品取引法）に基づく特殊な金融会社で、

設立の目的は信用取引の決済に必要な金銭または有価証券を、証券会社を通じて貸付を行うことで、個人投資家に対する一般貸付も行っています。日証金とは東京の日本証券金融をいい、大阪の大阪証券金融、名古屋の中部証券金融の3つがあります。

個人投資家が保有している投資信託や株券を担保として日証金に差し入れると、時価に換算して7割まで借りることができます。

この借入れた資金でまた投資信託を購入し、その投資信託をまた日証金に持ち込むと、またその7割の資金を得ることができる。

結果的には自己資金を3倍に膨らませて運用することができるのである。

つまり山三証券では投資信託の売買で減った資金を、日証金の借入れによって投資額を3倍に増やし、一気に損失の回収を図ることを計画したのである。

しかし、うまくいけばよいが、反対に更に値下がりすると損失が大きく膨らむと同時に、担保の値下がりによる追加の保証金が必要となる。

↓「追加の保証金」について説明します。

担保として差し入れておいた投資信託など、証券の基準価格が下がり、借り入れた金額の20％を下回ることとなった場合、その20％に達するまでの金額を追加保証金（一般に「追証：おいしょう」として、損失計算が生じた日から3日目の正午までに差し入れなければならない。

この場合の20％を委託保証金の維持率と呼んでいる。

そうこうしているうちに石川から電話があった。

「奥さん、日証金から追加保証金として２００万円の請求がきました」

「投資信託を売却して、借入金を返済してください」

と陵子は言ったが、

「日経ダウが２万円を割れたところは底です。いまここで終わりにしたらもったいない。追加保証金を入れてつないでおいた方がよいです」

「まだ下がると思います。心配です。もう返済してください」

陵子は強く返済を求めたが、

「大丈夫。心配ない」と営業課長の石川は返済に応じようとしなかった。

日証金の他にもこのように株券等を担保に入れて資金を貸し出す業者があるが、このことを「町金」（まちきん）と呼び、バブルの頃は兜町界隈には大小合わせて１００を超える業者があった。

中には机一つ、電話一本で、ねじり鉢巻きをしたおやじさんが一人で開業している業者もあった。

証券会社の営業員や外務員の紹介によって、顧客は買い付け伝票を持っていくだけで、買い付け代金が借りられるしくみとなっていた。

バブル期には、7割でなく、全額貸し付ける業者もあった。

もちろん、証券会社ではこのような「町金」との取引は認めていないが、中には規則に反して営業員や外務員の勧めでこれらの「町金」と取引を始める顧客も少なくなかった。

日証金からの借入れは一般に証券会社を通して行われるため、「町金」とは区別されて認められていたが、通常は営業員から奨めることはほとんどない。

しかし山三証券では営業課長までが、顧客に対して「日証金」からの借入れを積極的に進めていたことは、会社全体が違反の方向で動いていたと思われる。

さらに陵子の場合、預り証の不発行といって、預り証を発行されなかった。

通常は預り証を発行し、売買の都度預り証の交換をすることになっている。

しかし不発行の制度を利用すると、預り証の交換をしなくて済み、毎月、月次報告書が証券会社から送られてくるしくみになっている。

証券会社にとっては預り証の交換が省けて良いが、顧客は送られてくる売買報告書を良く確認しなければ、勝手に売買されてもいても分からない。

当時の陵子の売買を見てみよう。

「ニューリッチ国債」や「公社債投信」など、比較的値動きの少ない投資信託を売却して、次第に「株式投信」に乗り換えていった。

「新世代小型株ファンド」を１，０００万円、「ダイナミック２００２　９４６ファンド」を１，４５０万円、「ジャパン・オープン」９３４万円、「ダイナミック・アクティブ」９４３万円という具合にまとめて購入しているため、株式の値下がりにより、損失に拍車がかかっていった。

↓

「預り証不発行」について説明します。

預り証不発行とは、証券会社の法定帳簿である「有価証券預り証」は、事務の合理化や利便性を図るため、投資家保護および自己防止の面で、特に支障がないと認められたときは、有価証券売買の内容及びその寄託残高について、定期的に「月次報告書」を作成し、送付すれば預り証の発行を省略することができる制度。

↓

「月次報告書」について説明します。

この制度の対象となる顧客は、売買頻度の高い顧客で、顧客の同意を得るために覚書

（契約書）を交わすことになっている。記載内容は、預かり有価証券の明細および金銭の残高などである。

月次報告書は、登録住所あてに送付し、回答書により確認が必要となる。

↓「売買報告書」について説明します。

証券会社に株式等の売買注文を委託して、その注文の約定が成立した場合、顧客の担当員から電話で連絡されるのが普通であるが、それとは別に証券会社は省令で規制された内容の売買報告書を、速やかに顧客に交付することが義務付けられている。通常郵便で行われ、記載事項は取引の種類、顧客名、約定月日、銘柄、数量、単価、金額、委託手数料などである。

外国株の売買

平成7年1月阪神・淡路大震災があり、死者が6千人を超える未曾有の被害となった。株価も値下がりしていたが、4月に田中支店長から高橋支店長に代わり、陵子の担当も後藤という営業課長に代わった。

担当が代わる度に、陵子は取引を終わるように申し入れるが、

「今までの損失は保証する、必ず挽回するから」

今回も高橋支店長が禁止行為である言葉を繰り返し、陵子は取引を続けてしまった。

9月には公定歩合が史上最低の0.5％となり、株価も少しずつ反騰を始めた。

後藤は、

「今までいろいろと株式の売買をしましたが、うまく行かないので外国株を中心に売買をします」と言ってきた。

陵子は、

「外国株などわからないので、困ります」

と言ったが、それからはほとんど連絡がないまま、頻繁に売買が繰り返され、売買の報告書が連日のように届くようになった。


➡「外国株」について説明します。

外国株とは、外国籍の企業が発行する株式です。外国株のメリットは、日本にない魅力のある株式に投資できることと、国際分散投資（リスクの軽減を図るため、投資先を日本に限らず、世界の有価証券に分散する投資手法）ができることです。デメリットは、情報が少ない、為替差損をこうむる場合があることです。また、売買手数料など取引コ

ストが高くなることです。

一例を上げればネットスケープ コミュニケーション、サン マイクロシステムズ、アセンド コミュニケーション、シリコン ストレイジ テクノロジー、セキュア コンピューティング、フォアシステムズ インク、サイバーキャッシュ、ロージャック コーポレーション、エロックス コーポレーション等横文字ばかりの銘柄の報告書が連日のように送られてきている。

平成8年8月突然八王子支店の橋本総務部長が来宅し、

「担当者について何か困ったことはありませんか」と尋ねられた。

「実は大変困っています。連絡もなく勝手に売買しています。外国株など全くわかりません。もう止めるように伝えてください」

陵子は、橋本総務部長に話した。加えて、

「支店長は今までの損失を保証する。また前任の石川課長が3％を保証すると話していたので頼みます」

と続けると、橋本は、

「支店長が損失を保証するとか、石川が3％保証するというようなことはありません。危険ですからもう売買を止めた方がよいです」

ときっぱりと保証を否定した。そして、「奥さん、これはお預かりしている「残高照合通知書」です。こちらにサインと印をお願いします。２枚目にも印鑑をお願いします。

といわれ複写で写っている名前のところに印を押した。これは「確認書」で、「お預かり金額４，２００万円」と書いてあった。

「随分損失がでてしまいました。もうこれで終わりにして下さい」

陵子は、橋本総務部長にはっきりと伝えた。

通常は「残高照合通知書」は顧客のところに郵便で送られ、異議があれば本店の検査部等に申し出をすることになっている。

したがって支店の総務部長が直接「残高照合通知書」を届けることはなく、また確認書に署名、押印を求めることもない。

陵子の場合は損失が大きく、また無断売買の恐れがあったことから、総務部長が確認書を求めたと思われた。

その後営業課長の後藤からしばらく電話もなく、報告書も送られてこないため、橋本総務部長が注意してくれたものと思っていた。

↓

「残高照合通知書」について説明します。

照合通知書とは、有価証券の取引のある顧客に対して、通常1年に2回以上、金銭や有価証券の残高を直接郵便で報告することになっています。この残高照合を行う目的はお客さんの残高を確認することによって、事故防止、トラブル防止を図るためであり、残高照合通知書の発送・管理は検査部、管理部などが行います。

↓

「無断売買」について説明します。

無断売買とは、顧客の同意を得ずに、顧客の勘定により有価証券の売買その他の取引を行うことをいいます。この無断売買は証券取引法（現在は金融商品取引法）によって禁止されています。「お任せ」の売買が無断売買の第一歩となります。

↓

「確認書」について説明します。

確認書とは、すべて残高照合通知の通りであり、顧客自身が認め確認して押印することです。

この「確認書」については「回答書」としている場合もありますが、どちらも同じ意味です。

陵子の場合は「確認書」としておきます。

第6章　証券会社の実態

内部管理責任者

証券会社の不祥事や損失補てんの問題を契機として、平成4年3月に新しく「協会員の内部管理責任者等に関する規則」が制定され、証券業協会が実施した内部管理責任者資格試験に合格した課長職以上の者がこの任にあたることになりました。

証券会社の役職員が法令を遵守し、投資勧誘を適正に行っているかどうかをチェックするための制度の制定です。

証券会社の収益重視の営業体質は、本来は支店の営業活動においても法令遵守を率先しなければならない支店長においても、営業成績に関心が集中し管理の面がおろそかになると同時に、ノルマの達成に追われているのが現状です。

「内部管理責任者」は、投資勧誘などの営業活動、顧客管理に関して証券取引法その他の法令諸規則に基づいて、適正に行われているかを常時監査することが義務付けられ、通常支店においては総務部長あるいは総務課長がその任に当たっています。

内部管理責任者の責務として、顧客との間において苦情や重大な事案が生じた場合は、直接の上司である支店長に報告するとともに、速やかに内部管理統括責任者（代表権を有する社長に次ぐ高位の役員を充てることになっている）に報告し、指示を受けることになっています。

山三証券の場合、このように協会の規則が制定されていても、内部管理責任者である橋本総務部長が、支店長に報告するだけで、内部管理統括責任者である代表権のある役員に報告しなければ、営業課長の行っている無断売買をなかなか止めることができません。

10月に入るとまた営業課長の後藤から、
「香港の株式を中心に運用します」
と電話がはいった。
「橋本総務部長にも終わりにしてくださいと話してあります。もう買わないで下さい」
陵子は強く伝えたが、その後も報告書が頻繁に届き、
チャイナ マーチャント ハイ ホン、グアンジョー インベストメント、ホンコン チャイナ、
シャンハイ ハイシン シッピング、ベイジン ダータン パワー、シンセン エクスプレスウエ

イ、オリエンタル メタルズ、ウイング ファイ インターナショナル等、全く名前も分からない銘柄の売買が頻繁に行われるようになった。

ビッグバン

平成８(１９９６)年11月11日、当時の橋本首相は三塚蔵相と松浦法相を首相官邸に呼んだ。

そして銀行、証券、保険会社の相互参入の促進。

株式の売買手数料の自由化。

金融分野全般にわたる規制の緩和策。

など「わが国金融システムの改革」を平成13（２００１）年末までに実施するように指示した。

これがいわゆる日本版ビッグバンである。

空洞化が叫ばれる日本の金融市場を、フリー（市場原理が働く自由な市場に）。

フェアー（透明で信頼できる市場に）。

グローバル（国際的で市場を先取りできる市場に）。

という三原則をもとに、ニューヨーク、ロンドン並の市場に育成することを目指したものである。

アメリカでは1975年5月に、メーデーと呼ばれる金融改革が行われた。

イギリスにおいても1986年、サッチャー首相のもとでビッグバンが行われた。

アメリカ、イギリスのどちらの場合も証券市場の改革が中心であり、日本版ビッグバンの場合と大きく異なっている。

まだこの時点では都銀の北海道拓殖銀行の倒産や三洋証券の会社更生法の申請など、到底考えが及んでいなかった。

平成9（1997）年5月に高橋支店長が来宅し、玄関先で、

「奥さん、ハンコを貰いにきました」

と言って封筒から「残高照合通知書」を取り出した。

「玄関先ですから、どうぞお上がりください」

と言ったが、靴を脱ごうとしない。

「いやここで結構です。印鑑を頂くだけですから」

「支店長さんにいろいろとお話を聞いて頂きたいので、どうぞお上がり下さい」

と畳みかけたが、

「いや、まだ他に寄らなければならないところがありますので、ここで失礼させて頂きます」

と話も聞かず、２枚目の「確認書」に印鑑を押すとさっさと引き上げてしまった。陵子は憤りをぶつけるところがなく、２階の部屋に閉じこもり頭を抱え込んでしまった。

今回も「残高照合通知書」を支店長が直接持参している。前にも触れたが、証券業協会の規則では、照合通知書を顧客に交付するときは、顧客との直接連絡を確保する趣旨から、顧客の住所地に郵送することが原則定められている。ただし、顧客が希望した場合、管理を担当する部門の責任者が、「残高照合通知書」を直接持参した場合は、これを郵送により交付したものとみなされるが、この場合顧客から照合通知書に対する「確認書」を速やかに徴収することになっている。

しかし、陵子の場合は希望していないのに橋本総務部長、高橋支店長が「残高照合通知書」を持参していることは、「確認書」に印鑑を求め、回収していくことが目的であった。この「確認書」が後の裁判に大きく影響を及ぼすことになるとは、陵子も気がつかなかった。

証券会社のノルマ

このように営業マンが売買を勝手に行う、あるいは事後承諾をとるような原因は、証券会社の無理な営業姿勢にある。

証券会社の収入は手数料が中心となっているため、株価の下落によって売買高が減少していくと、手数料収入も次第に減少し、利益を上げるために無理なノルマを営業マンに課すことになる。

例えば投資信託の販売については一人当たり月間5，000万円、株式手数料については500万円などと営業マンにノルマを与え、ノルマ達成のため、支店においては夜遅くまで顧客を訪問し、あるいは店に帰れば顧客に電話を掛けて翌日の予約注文をとっている。

山三証券の営業マンにとって金曜日はつらい。支店の営業会議があるからだ。

夕方の5時になり若い営業マンの山本は同期の桜井に会議室の前で話しかけている。

「おい、今日はどうだった」

「今日もだめ」

「今月はまだ3割しかいっていない。残り1週間じゃ無理だ。お前の方は」

「同じだよ。まだ半分もいかない。今月もちょっと無理だな」

「また今日、課長のカミナリが落ちるな」

「金曜日は最悪だ」

「花の金曜日なんて世間では言っているが、俺たちは地獄の金曜日だよ」

「ほんとうだ」

「今週までの目標に達している者は早く帰ってよし。達していないものは残れ」

いつものように営業課長の後藤の大きな声が会議室から響いてくる。

「山本、今週は遊んでたのか。数字が伸びてねーじゃーねーか」

と若い営業マンの山本に罵声を浴びせている。

「予定していた投資信託５００万円が○《マル》になってしまいました」

○をマルというは、約定が成立しなかったことをいう。

「馬鹿もん」と聞こえたとたんに灰皿が飛んできた。

「桜井、この数字は何だ」

「はい、来週は予定しているところがあるので、数字も上積みできると思います」

「お前、先週も同じことを言ってたじゃーねーか。よその支店は数字が伸びているぞ、こんな数字じゃみっともない」

と営業員にハッパを掛けている。

営業課長の後藤は、自分の成績が上がっていない場合には、他の若い営業マンに怒鳴ることができない。したがって無理してでも数字を上げなければならない。

このような営業が行われている証券会社にとっては、陵子のようにお金があり、営業マンの言いなりになるような顧客は、無断売買、事後承諾など勝手放題であり、営業マンのノルマ達成には格好のターゲットとなってしまう。

第7章 山三証券の破綻

総会屋

平成9（1997）年に入ると株式市場に影響を与える大きな出来事が続出した。

総会屋小野隆二は、平成6(1994)年6月、山三証券本店首都圏営業部に、「小川ビルディング」名義で口座を開設、株式の「一任勘定取引」を行い、同年末までに約3，000万円の損失が生じた。

➡「一任勘定取引」について説明します。

一任勘定取引とは、有価証券の売買において、顧客の取引ごとの同意を得ないで、売買の別、銘柄、数または価格について定めることができるという契約を締結することは、損失補てん、過当取引等の温床となるとして、平成3（1991）年の証券取引法の改正により禁止されている。

山三証券はこの損失を穴埋めするために、平成７（１９９５）年1月にシンガポール国際金融取引所（サイメックス）に上場されている日経平均株価（２２５種）指数の先物取引を利用し、自己売買で得た利益８，０００万円を小野被告の口座に付け替え、利益を供与した疑いが持たれた。

↓「自己売買」について説明します。

自己売買とは、証券会社が自己の計算で有価証券の売買をすることです。通常ディーラー業務と呼んでいる。株式の自己売買は、委託売買の補完というのが原則であり、自己売買で得た売買利益の一部は損失準備金として積み立てることが義務付けられている。

平成９（１９９７）年7月30日に山三証券本店に家宅捜索が入り、N証券に始まった総会屋小野隆二に対する利益供与事件はDB銀行に続いてD証券、N証券も一任勘定取引を行っていたことを認めているため、特捜部や監視委員会では、両証券会社に対しても小野隆二被告に対して損失補てんを行っているかについて調べが進む模様。

日経平均株価（２２５種）指数の先物は、東京証券取引所第1部に上場されている銘柄のなかから、２２５銘柄の修正平均株価を先物取引の対象としたもの。

大阪証券取引所やサイメックスで取引が行われているが、サイメックスの委託証拠金が割安なため、昭和61（1986）年9月の上場以来売買高が増加している。

8月11日、山三証券会長の行方三雄、社長の三根敏夫ら11人の役員が、総会屋への利益供与事件の責任をとって総退陣した。

4月にN証券が大幅な経営陣の入れ替えを行ったが、わずか4か月のうちに4大証券のうちの2社の経営陣が入れ替わるという異例の事態となった。

山三証券は捜査の進展に伴い、法人や個人の取引中止が拡大し、経営への影響が一段と心配される状況となってきた。

世界同時株安

10月27日月曜日、香港株式市場に端を発した世界的な株式の同時下落は、高値圏に推移していたニューヨーク株式市場に波及し、同市場のダウ平均株価（工業株30種）は、先週末比554．26ドル安の7161．15ドルと大幅な値下がりとなり、87年10月19日のブラックマンデー後に導入された自動取引停止措置（サーキッド・ブレーカー）を、史上初めて二度にわたって発動することになった。

サーキッド・ブレーカーとは、ブラックマンデーの時に、コンピューターを使い大量の取引を一度に行うプログラム取引が機能しなくなったことを受け、急激な動きを規制する市場安定化策の一つとして導入された。

28日の東京株式市場も、朝方から売り注文が殺到し、ほとんどの銘柄の値がつかず、午後にはいってからも、香港市場が急落して始まったことから、平均株価（２２５種）は今年の最安値を更新しながら値を下げていった。

午後1時15分現在で前日比７２９円70銭安の16，２０８円59銭で取引され、７月の最高値22，８８1円07銭から6，６００円あまりの大幅な下げ幅となった。

飛ばし

山三証券に対しては総会屋の問題以外に、以前から大きな「飛ばし」があるのではないかと市場で噂されていたが、その都度会社側は否定していた。

しかし1千億円を超す「飛ばし」の情報が流れ、山三証券に対して情報開示を求める声が高まってきた。

「飛ばし」とは、たとえば3月決算の企業が、有価証券の評価損を表面化させたくないと考えた場合、9月決算の企業に、その有価証券を値下がり前の価格で買い取ってもらう。

そしてその企業が9月の決算を迎える前に、今度は他の3月決算の企業に、利息に見合う利益を乗せて買いとってもらう。

このように顧客の企業に与えた有価証券の評価損を、表面化させないようにするため、企業間の決算期毎のズレを利用して、転々と取引を移すことをいう。

このような取引は株価の下落がさらに進むと、企業から企業への「飛ばし価格」は利息が上乗せされていくため、市場の実勢価格（時価）とのかい離が大きくなっていく。

そして決算期に引き受ける企業が現われないと、最後に引き受けた企業が巨額の損失を被ることになる。

そこで最終的に山三証券の子会社が引き受けることになったのである。

山三証券の他にも、主な「飛ばし」としてY証券、D証券、K証券、M証券、KK証券など各証券会社において次々と発覚していった。

山三証券自主廃業

平成9（1997）年11月3日に準大手証券の三洋証券が更生法申請を行った。

負債総額は３，７３６億円。

上場証券会社が会社更生法の適用を受けるのは始めてである。

生命保険会社から借り入れていた劣後ローンの返済期限が延長できず、証券会社の経営の健全度を示す自己資本規制比率が危険水域といわれる１２０％を割ったため、更生法申請に踏み切ったのである。

続いて平成９（１９９７）年11月24日早朝、山三証券が自主廃業を決定した。

山三証券社長の野川信幸は、総額２，６４８億円の簿外債務を抱え、創業１０１年の看板を降ろしたのである。

負債総額は３兆５，０００億円にのぼり、戦後最大の倒産となった。

これを受けて日本銀行は臨時政策委員会を開き、顧客からの預かり資産の全額保護と、信用秩序維持のため、日銀法25条に基づく無担保の特別融資（日銀特融）の実施を決めた。

日本版ビッグバンによる市場からの退場は、三洋証券、北海道拓殖銀行、山三証券と続き、いずれも新しい時代に対応できない企業として、市場が退出の判断をくだしたのである。

証券会社や銀行など金融機関の破綻は、市場への影響を考慮して金曜日の夜とか土曜日に発表されるケースが多い。

山三証券の破綻が発表されたのも、11月22日の土曜日の午前である。

証券局長の記者会見により、

「総会屋に対する利益供与に対する行政処分など、今後の経営は一段と厳しくなる。なお24日の取締役会で最終的な結論を出す」

と発表された。

その夜、長女の多嘉子から電話が入り、

「お母さん大変、今テレビのニュースで山三証券が倒産ってやっているよ」

すぐテレビをつけてみる。

「大変なことになった」

各テレビ局では、特集番組を組んで山三証券の破綻の模様を伝えている。

23日は日曜日、24日は月曜日であるが振替休日のため、破綻が発表されてから3日間は山三証券の取引顧客にとっては不安な日々となった。

山三証券は24日早朝には自主廃業を決定した。

それから3日間、陵子は何も手につかず、いらいらしながら落ち着かない日々を過ごした。

確認書

廃業のニュースから一夜明けた25日朝、全国116の山三証券の支店には、口座の解約を求める顧客が長蛇の列を作った。

都内の支店や主要都市の店舗などでは、午前９時の開店を待てない人の行列が１００メートル以上も連なっている。

開店後もなかなか店舗の中に入れずに、顧客のいらだちが極度に達する光景が各支店で見受けられていた。

陵子も25日は朝早くから八王子支店に向かったが、すでに支店の前は大勢の人だかりである。

陵子にとっては亡き夫の残してくれた大切な財産であり、当初８，０００万円あった資金は１，０００万円を割り込んでしまっている。

やっと店内に入ると、大きな怒号が飛び交い、社員の説明が聞き取れない。

店頭の女子社員が、前日24日に三塚蔵相が発表した「資産返還は確実に行われる」という談話をコピーし、顧客に配るなど、整理に追われている。

ようやく陵子の番となり、高橋支店長を呼ぶよう申し入れたが、奥から顔を出したのは橋本総務部長だった。

陵子は、

「今預けてある証券や現金は大丈夫でしょうね」

と少し上ずった声になっている。

「もちろん大丈夫です。三塚大蔵大臣も投資家保護に万全を期すとコメントを出しております」

「自分が了解して損失が出たものはしかたないとして、自分の知らないところで行われた売買に対しては証券会社の責任でしょ」

続けて、

「後藤課長が無断で売買した外国株式の損失については、損害を弁償してもらいたい」

と掛け合ったが、橋本総務部長はそっけなく答えた。

「無断売買ではありません。すべて奥さんの了承を頂いて売買を行っています」

「私は、了承した覚えはありません」

「売買について確認していると印鑑を押しているではありませんか」

「そんな確認はしていません」

「いいえ、私がお伺いしたときに印鑑を押していただきました」

「それはここに印鑑を押して下さい、と橋本さんがおっしゃったので押しただけです」

「支店長も確認の印鑑を頂いております」

「いいえ、支店長さんは何も説明もしないで、奥さん印鑑をもらいにきました。ここに押してくださいと言って、印鑑を押すとすぐにお帰りになりました」

「その印鑑ですが、売買について私は了承しました。また預かり金についても認めましたということなのです」

「そのような説明は全然していません」

「いいえ、説明しました。したがって後藤が無断売買をしているのではありません」

このような押し問答が行われており、無断売買ではないとの一点張りで埒があかない。

店内は投資信託や、口座の解約を求める罵声が飛び交っている。

利回り保証

陸子は頭から血が引いていくのを感じながら続けた。

「それでは高橋支店長が、今までの損失を保証します、といったことは間違いありませんね」

「そんなことを支店長は約束しません」

「支店長だけではありません。佐久間さんは年７％、石川さんは３％を保証するといっていました」

「いいえ、営業課長もそのような約束はしません」

「約束はしません、と言ってもはっきりと私に言いました」

「それは何かの間違いでしょう。損失を保証したり、利回りを保証することは証券取引法で禁止されているのです」

「しかし、法律で禁止されていることを、支店長さんも課長さんも約束しているのです」

「それでは支店長や課長が書いた文章でもありますか」

「そんなものありません」

「それでは奥さん、約束したとしても証拠が何もないではありませんか」

「証拠がなければいけないのですか」

「奥さんの勘違いではありませんか」

「勘違いなんかではありません」

「しかし困りましたね。支店長も課長も法に反することはしません」

時々隣の席の大きな声が聞こえてくる。

店内は相変わらず騒然としている。

陵子は泣き出したい気持ちを、必死にこらえながら橋本総務部長に食い下がっていたが、大変不利な状況となっていた。

今日のところはあきらめて帰るより仕方なかった。

25日の東京株式市場は、山三証券の自主廃業決定などによる金融システムへの不安感や、日本経済の先行き不透明感などから、証券や銀行株などを中心に幅広く売られ、全面安の展開となっていた。

平均株価も７０６円99銭安の１万６千14円59銭と急落した。

第8章　裁判

証券取引法

証券取引法は投資者保護という建前から、証券会社にいろいろと規制を課していますが、実は規制に則って処理をすることにより、結果的には投資者を守るのではなく、証券会社を守ることになるのである。

一般に株式の売買をする時には、売り買いの別、銘柄、数量、価格などを顧客の承諾を得て売買することになっている。これは売買注文の4要素と呼ばれている。

このうち1つでも欠けた場合、一任勘定取引として原則禁止されている（海外との時差を顧慮して、価格に一定の幅を設ける場合などは認められている）。

しかし営業マンが顧客の承諾を得ないで独断で決定して、無断で売買をした場合、違法行為が成立することになっている。

また損失補てんの禁止には、顧客に損失が生じた場合、又はあらかじめ定めた利益が生じない場合に、これを補てんしたり、あるいは補足するための利益を提供したりすることを、申し込んだり、約束してはならないと定められている。

高橋支店長の「今までの損失は保証します」

佐久間営業課長の「７％の保証をします」

石川営業課長の「３％の保証をします」

というようなことは損失保証、利回り保証をすることで、法律違反となる。

しかし支店長や営業課長がこのようなことを言っても、文章に残していない。単なる口約束であれば、「言った、言わない」の水掛け論で終わってしまう。

残高照合通知書

証券業協会の規則にある「残高照合通知書」は通常年2回、顧客の預かり証券の明細や、現金残高を郵便で送付することになっている。

特に顧客からの要望で、郵送でなく手渡しを望む場合は支店長なり、総務部長が渡すことになっているが、陵子の場合は別にそのように要望をしたわけでもないのに、橋本総務部長が来宅したり、支店長が印鑑をもらいに来たりしていた。

つまり「確認書」に印鑑が欲しかったのである。

その内容に間違いありませんという「確認書」に記名、捺印をしていれば、その売買と残高についてすべて認めたことになる。

つまりいろいろな書類に印鑑を押すことは、顧客を守るためのものではなく、むしろ顧客を不利な立場に追い込むことになり、証券会社を守るための証拠として利用されることになるのである。

また売買の都度発行される売買報告書も、証券取引法で発行が義務付けられている。

したがって営業マンが勝手に売買した場合でも、売買報告書が本人宛に必ず証券会社から郵送されてくる。

報告書の届いたその時点で、支店長なり、本店の監査部なりに連絡して、この売買は自分が知らない売買であると申し出なければならない。

時間が経過してから売買について否認しても、それは通らないことが多いのである。

なぜならば株式の価格や投資信託の基準価格は毎日変動しているからである。

つまり実際にはそうでなくても、株価や基準価格が上がった場合はそのまま自分のものとしておこう。

下がった場合だけクレームを付ける、と見なされてしまうためである。

したがって売買報告書を受け取ってから、数日そのまま放置していた場合は顧客が不利となる。

数ある売買の中から、これとこれが自分の行った取引であり、その他は身に覚えのない売買、つまり無断売買である、と後から指摘しても実質的に証明することは難しいといえる。

陵子は自分で行った取引でないのに、自分の責任であるということがどうしても納得がいかない。

また損失を保証すると約束をしたのに、そのような約束はしていないという。

非常に憤りを感じているが、この気持ちをどこにぶつけたらよいのか。

訴訟

そうだ、浩美に相談してみよう。

まもなく師走を迎える11月も終わりの日、京都に住んでいる学生時代の友人、長谷川浩美に電話を入れた。浩美も株取引をやっていると聞いていた。

わざわざ京都から和雄の葬儀に参列し、そのときはゆっくり話もできなかったが、その後一、二度電話で株式の売買を始めたことは話していた。

「浩美しばらく。変わりない」

「まあ珍しい。電話なんてどういう風の吹き回し」

「浩美はまだ株をやっているの」

「何よ。いきなり株の話なんて」

「ごめん、ごめん。頭に株のことしかなかったの」

「株がどうしたの、いまはやっていないけど。3分の1になってしまった株を、仕方ないから持っているわ。陵子は」

「その株についての相談なんだけど」

「何だか元気ないじゃない。ここのところ株が下がっているので、陵子どうしているかなと思っていたの」

「そうなの。大きく値下がりして、だいぶ損がでたわ」

「また上がってくることもあるでしょ。気長に持っていたらいいよ」

「実はその損だけど、支店長が損失を保証するといっていたのに、そんな約束はしていないというのよ。頭にきちゃうわ」

「証券会社って、そんな約束するの?」

「そのような約束すると、違反になるから、していないって言うの」

「そうでしょ、証券会社はそんな約束しないわよ」

「だけど本当に支店長が損した分は保証すると言ったの。営業課長も7％の利回りを保証すると言っていたし、他の営業課長も3％の利回りで回すからぜひ任せてくれとはっきり言ったのよ」

「それはひどいな。それで証券会社はそんな約束していないって言うの」

「そうなの。約束なんかしていないの一点張り」

「どこか他の証券会社に相談してみた？」

「していない」

「じゃしてみたら」

「そうね。だけど損失を保証すると書いた文章なんかないし、行ってもだめじゃない」

「だめでもともとだから、一度相談してみたら？」

「そうね、してみよう」

陵子は早速、八王子に支店のあるD証券会社を訪問し、
「山三証券での顧客勘定元帳のコピーです。私の承諾なく勝手に売買されたのですが、このような場合どのようにしたらよいでしょうか」
と無断売買について話しをすると、
D証券の営業課長は顧客勘定元帳のコピーをしばらく眺めていたが、

「これはひどいですね。このような外国株など、専門家の私なども聞いたことがありません」

と訴訟を奨めた。

「支店長、総務部長の来宅により、「照合通知書」を受けとっています。そして「確認書」に印鑑を押していますので、私が売買や残高について認めたことになっています。訴訟は無理ではないかと思うのですが」

と言ったが、

「それでも状況をよく説明してみたらどうでしょうか」

「そうですね。やってみましょう。ありがとうございました」

敗訴

平成11（1999）年10月、陵子が訴えた裁判は棄却され、負けとなった。

証券に詳しい弁護士を訪れたが、山三証券はすでに破たんしているため、訴訟を起こしても無駄ですよと取り扱ってくれない。

やっと探した弁護士は証券関係の訴訟を手がけたことがない弁護士であり、これから本を買って勉強する有り様であった。

敗訴となった理由は、自分自身の無知であり、裁判の場で思うことを充分に説明できなかったことにあると悔やんだ。

証券取引法は証券会社に次のような規制を設けている。

適合性の原則…顧客の知識、経験および財産の状況に即した投資勧誘が求められている。

回転売買の禁止…あらかじめ顧客の意思を確認することなく、頻繁に売買を行うことは禁止されている。

取引一任勘定の禁止…売買の別、銘柄、数または価格のうち、１つでも欠けると一任勘定とみなされる。

陵子の場合、これらすべてに該当していた。

一主婦の立場で、外国の銘柄を知る情報など持っていない。

「ネットスケープ　コミュニケーション」を、１日で売り買いしたりすることは、到底できないことである。

また債券の売買についても、一般の投資家の債券投資の方法ではない。

平成８（１９９６）年1月26日、米国学生金融金庫（サリーメイ）単価98円58銭で１３０口購入し、買付代金として１３，７９６，０５７円。

同年４月１２日、同債券を単価93円37銭で１３０口売却し、売付代金１３，２６３，１１２円。

債券なのに３か月も保有していない。

平成8（1996）年9月20日、国際復興開発銀行米ドル債を単価100円で34口購入し、買付代金として3，751，900円。

同年10月16日に同債券を単価98円46銭で34口売却し、売付代金3，756，534円。

この場合は1か月未満です。

平成9（1997）年6月24日、米州開発銀行ボンド建債券を単価100円05銭で18口購入し、買付代金として3，475，263円。

同年9月19日、同債券を単価97円61銭で18口売却し、売付代金3，476，158円。

これも3か月未満。

平成9（1997）年7月23日、ユーロ米ドル建債券カナダを単価99円74銭で26口購入し、買付代金として3，002，453円。

同年9月11日、同債券を単価96円66銭で26口売却し、売付代金3，039，936円。

2か月未満。

このように通常は単価が買い付け時より値下がりしている場合は、損失が出るのであるが、為替の差益で損をしないで済んでいるものもある。

通常の顧客が行う債券投資では、このように短期間で売買することは考えられない。

債券投資は利息をもらうために買うので、ある程度長期間保有することを目的としている。

それを株式と同じように短期間で売買するなど、証券会社のディーラーと同じである。

↓　「証券会社のディーラー」について説明します。

ディーラーとは、有価証券などの取引において、所属する証券会社の自己資金とリスク負担で、市場で実際に取引を担当する者のことをいいます。

おそらく山三証券では債券の販売ノルマがあり、ノルマ達成のために米ドル債やボンド建て債を購入し、数字だけ上げれば直ぐに売却していると考えられた。また債券や株式投資においては、個人の投資家はマイナスの回転は通常そんなに頻繁に行うものではない。

裁判所に提出された顧客勘定元帳を見ても、外国株の売買や国内の株式の売買が、それこそ毎日のように行われ、損失を出しながらの回転売買である。

平成８（１９９６）年から9年の取引は主婦の取引とは到底思えない。したがって1年足らずのうちに４，２００万円が１，９８０万円まで落ち込む原因となっている。

特に頻繁に行われた「ダブル・トレンド・オープン」の売買は、収益を2倍にしようとしていたが、反対に損が2倍となり損失を大きくしていた。

↓　「ダブル・トレンド・オープン」について説明します。

現物株式の組入総額と株価指数先物取引（原則として日経225株価指数先物）の買建て額を合計した額が、信託財産の純資産総額の2倍程度となるよう運用を行うことで、毎日の基準価額の値動きが、わが国の株式市場全体の値動きの2倍程度となることを目指します。

弁護士も不慣れなためか、敗訴したため香港株やアメリカ株を手元に取り寄せた。通常外国株は外国で保管されている。しかし、国内に持ち込んでしまったために、売りたくても売れない状態となっており、現在も困っている。

また「サイバー キャッシュ」は倒産したため、紙屑となってしまった。投資信託もドル建てのフランス投信とかアメリカのドル建ての投資信託が今でも手元に残っている。

すべてが自分自身の無知と優柔不断が原因であった。

正義が勝つとは限らない

裁判は一般に弁護士に任せることになっている。正しいことであれば必ず勝てると思って裁判に臨むが、いざ敗訴となると愕然とする。

弁護士は法律や裁判のオーソリティであるから、一応全ての法律分野がわかっており、それぞれに精通していることになっているが、弁護士であるからと言って全ての法律分野にわたって専門的であるとは必ずしも言えない。

それぞれの弁護士には得意な分野があり、自分の専門とする分野については相談事例も多いのであるが、これまで一度も手がけたことがない分野の場合、改めて六法全書をひも解いたり、最近の判例などを参考にしながら勉強するケースもあるのである。

実際の裁判においては、依頼人の相談に応じながら有利なものを引き出すことになるのであるが、やはり始めて手がける弁護士より、何度も手がけた弁護士の方が有利となる。

証券会社の顧問弁護士は証券事故を専門としている。

つまりその道に精通した弁護士である。

したがって証券会社を相手にした訴訟で、依頼人である顧客が勝つことは希な出来事となっている。

証券会社を相手として、依頼人である顧客が勝訴した例として、最近では「利回り保証について」平成11（1999）年9月29日東京高裁での判例がある。

「資金運用の提案等で示した利回りないし、利率については口頭、文書であれ、利回りを保証し、有価証券を勧誘したのであれば保証義務がある」という判例がでている。

陵子の場合のように、利回りを保証する文書が差し入れてなくても、このような勧誘を行った場合は、保証されるという判例である。

証券の訴訟において正義が勝つようにしなければならない。

陵子の場合、まず頼みにする弁護士は証券の訴訟は始めてである。

本を買ってきてこれから勉強と言っている。この時点ですでに勝ち目はない。

支店長が「今までの損失を保証します」と言った場合、ほとんどの顧客は信用する。

また営業課長が「7%」の利回りを保証する、あるいは「3%」を保証するということも、専門家がそのように自信を持って言うのであるから大丈夫と信頼してしまう。

しかし、証券会社との間に文書でのやり取りがない場合、口頭で確約しても、「言った、言わない」の水掛け論になってしまう。

陵子の場合、その場に第三者がいて、立証を得ることができれば有利となったのであろうが、そのような状況下でないため、立証できないことになってしまった。

一般に「残高照合通知書」は年2回、郵便で送ってくる。

異議があれば申し出ることになっている。

しかし顧客の自宅に郵便でなく、総務部長や支店長が訪問し、直接届けると言うことは、このこと自体が大きな問題である。

「損失が大きい顧客や、営業員が顧客の口座を利用して不正をしている場合」

など証券会社、顧客にとって重大な問題を孕んでいる証拠なのである。

だから管理責任者である総務部長、支店長が直接自宅を訪問して、顧客と話しをして状況を把握することになっているのである。

そこでの話の様子で問題がなければそれでよいが、問題があれば早急に処理をするために、自宅を訪問するのである。

「確認書」の印鑑をもらうことが管理責任者の仕事ではない。

「ハンコを貰いに来た」と言った高橋支店長は、印鑑さえもらえれば裁判で回転売買、一任勘定で訴えられても心配ない、と考えている。言語道断である。

支店長自ら営業マンの回転売買、無断売買を指導していたと言っても過言ではない。

何故このような損失がでているのか、顧客である陵子の説明も聞かず、外国株に対する売買の確認もせず、玄関先で印鑑を押したらすぐに帰ってしまうなど、支店ぐるみで違法行為を行っていたことは明白である。

裁判では、自ら主張する事実を裏付ける証拠を提出できなければ、その事実はないものとされる。

つまり陵子がヨーロッパに旅行している最中にも、勝手に売買が行われていた。

平成9（1997）年6月の3日から17日まで、一度も海外から連絡したことが無いのに売買が行われていた。

6月5日「レインフォレスト・カフェ」600株295万円買い、「大盛工業」1,000株171万円売り、「東洋水産」1,000株127万円売り。

6月7日「イオメガコープ」200株84万円買い、「レインフォレスト・カフェ」600株295万円売り。

6月10日「イオメガコープ」400株158万円買い、「コレクションズ・コープ」200株167万円買い、「イオメガコープ」400株売り162万円。「サイバーキャッシュ」300株売り191万円。

6月11日「アセンド・コミニュケーションズ」400株291万円買い、「イオメガコープ」200株83万円売り。

6月12日「TAAオープン（RR3型）」募集300口309万円購入。

6月14日「コレクションズ・コープ」400株314万円買い、「ダブル・トレンド・オープン」245口315万円売り。

6月17日「コレクションズ・コープ」400株289万円売り。

このように海外に旅行している最中でも、頻繁に売買が行われている。

しかしこの点も裁判においては、中川陵子の主張は通らなかった。

証券会社側の言い分は、

「旅行に行く前に、この株式がこの値段になったら売って欲しい、売れたらこの証券を買っでおいて欲しい」という注文を受けていたと言うことである。

その引用例として、海外など旅行に行く時は隣近所に、「留守になりますがお願いします、と挨拶をして出かけていくでしょう、それと同様に証券会社にも留守の間頼みます」

と断ってヨーロッパに出かけたということである。

もちろん陵子は、

「隣近所に対して、ヨーロッパに旅行してくると言っていないし、証券会社に留守にするから頼みますなどと言っていない」

と主張しても認めてもらえなかった。

このように一つひとつ反論され、結果として負けてしまった。

しかしこのような違法行為に対して裁判で負けることは、陵子が証券会社に差し出した「確認書」などの文書にサインをし、押印をしているため、すべて認めたことになっているからである。

証券取引法や証券業協会の顧客保護のためのルールが、顧客のためになるのではなく、結果的に証券会社のためになるルールとなってしまうのだ。

この悔しさを、どこにぶつけたらいいのだろうか。陵子は唇を噛みしめた。

第9章　悔悟の念

失意

陵子は、失意のどん底に落ちてしまった。

なに不自由なく暮らしてきた幸せな家庭に、夫和雄の突然の死、それから裁判の思わぬ結果、それぞれが重くのしかかってきて、毎日憂鬱な気持ちで過ごしている。

陵子の自宅は新宿から中央線で40分の八王子にあり、駅から歩いて10分くらいの閑静な住宅街に長男幸男と同居している。

長男の幸男（31歳）はアメリカの大学を卒業し、大手町に本社がある大手商社に勤めるサラリーマンであるが、現在はシンガポールに単身赴任している。

平成7（1995）年に昌子（28歳）と結婚し、3歳になる孫娘のユリ子と4人暮らしである。

長女多嘉子（34歳）はテレビ局に勤める夫健一（36歳）と平成3年に結婚し、夫の両親と相模原に住んでいるが、自宅でエレクトーンの教室を開いている。

多嘉子はエレクトーンの教室の休みの日には、５歳になる孫娘の俊子をつれて八王子の実家によく遊びにくる。

平成11（１９９９）年11月、陵子の敗訴の翌月であるが、今日も孫娘をつれて遊びにきていた。

多嘉子が心配そうに言った。

「お金が全部無くなってしまったのではないし、気晴らしにどこか旅行でもしてきたら」

陵子は「そうね」と返事はするが、体が動かない。

家に閉じこもってしまって、外にでようという意欲が湧いてこない。

裁判を思い出すたびに、主人の知り合いの弁護士に頼めば勝てたかも知れない。

しかし、このような恥ずかしいことでお願いするのはみっともない、と思ってできなかったが、悔悟の念は残っている。

営業課長が勝手に売買していることを、証券会社の総務部長も支店長もわかっていたと思うが、結果としてすべて私自身の売買になったことが、どうしても釈然としない。

一方では夫の残してくれた資産を、自分自身、経済や株式に対する知識が無かったことと、真剣に勉強をしようという意欲がなかったために、ほとんどを失ってしまった。

どのように運用したらよいかもわからず、すべて証券会社の営業マンにお任せしていた自分に嫌気がさしている。

夫が亡くなって11年、その間陵子は日々株式相場の値下がりの恐怖に襲われていた。

支店長の「私が保証するから大丈夫」と言った一言を信じたり、営業マンの「私に任せてください。7％は保証します」という言葉を頼りにしていた自分が情けなかった。

陵子は悶々とした日々を過ごしていた。

FPとは

今日も部屋に一人閉じこもって、つけっぱなしになっているテレビを見るでもなく眺めていると、資産の運用について、若い女性のファイナンシャル・プランナーが、いろいろと相談を受けている様子が流れている。

資産の相談は証券会社しかないと思っていた陵子は、ファイナンシャル・プランナーという資産運用のアドバイスをする人がいることを知った。

社債や投資信託（受益証券）国内の株式、外国の株式などは、山三証券の倒産によって、手元に取り寄せてある。

株式や投資信託は大きく値下がりしているため、そのままとなっている。

まだ償還まで期間のある社債などを合計すると、５００万円くらいである。

その他に現金として３００万円くらいが残っている。

この運用はどうしてよいか分からない。わからないというより、もう運用はこりごり。

このまま現金を貯金しておいても、現在の低金利の状況では、金利はほとんどつかない。

そんな折りにファイナンシャル・プランナーという、聞き慣れない言葉を耳にしたので早速相談してみようと思ったが、どこに行ったらよいのかも分からず、長女の多嘉子が遊びに来た時にその話をしてみた。

「新聞でファイナンシャル・プランナーの広告をみたことがある。おそらくそこに問い合わせてみれば分かるかも知れないね」

といって早速あちこちに電話を入れ始めた。

「お母さん、ＦＰ協会というのがあるらしい。ファイナンシャル・プランナーのことをＦＰとも言うのですって。そこに問い合わせてみれば、相談について教えてくれると思う」

とＦＰ協会の電話番号を記したメモを差し出し、

「電話番号はこれ。私が掛けようか」

「いいわ。自分で掛けるから」

早速陵子は受話器を取り上げ、

「ご相談したいことがあるのですが、このお電話でよろしいでしょうか」

とFP協会の広報センターへ連絡すると、

「はい、結構です。どのようなご相談でしょうか」

と若い女性の声が受話器越しに入ってくる。

「資産の運用について相談したいと思うのですが」

「FP協会では直接電話でご相談をお受けすることは、いたしておりません」

「そうしますと、FPの方に相談したい場合はどのようにしたらよろしいのですか」

「FP協会ではあなた様の御自宅の近くのファイナンシャル・プランナーを3人ご紹介します。あとはそのFPの方と直接電話で連絡を取って、どなたにするかを選ばれたらよろしいです。また相談料については直接FPの方と相談してください。FPの方とは電話でお話を伺うだけでもよろしいですよ」

と親切に応対してくれた。

「相談料はどのくらいかかるのですか」

「一般的には1時間1万円くらいのようです」

さらに、

「もしFPのご紹介の必要がございましたら、ご住所と電話番号をお願いします」

「それではお願いしたいと思いますので、住所をお知らせします。八王子市子安町…」

「分かりました。それではFP3人の連絡先を郵便でお知らせします」

「あの、住所があまり近くない方がよいのですが」

「なぜ近くない方はよいのでしょうか？」

「私の失敗をあまり知られたくないもので」

「わかりました。それでは2〜3日の間に協会から中川様あてに、FP3人のお名前・住所・電話番号を郵便でお知らせしますので、連絡を取ってみてください。それから中川様のことはFPには連絡がいきません。したがってFPから中川様に連絡が入ることはありません」

「私から電話がいかなければ、FPの方はわからないのですね」

「そうです」

「わかりました。ありがとうございました」

受話器を置くと「少し表に出て、相談でもしてみるか」と声に出して言ってみた。

漸く陵子にも明るさが戻り、長女との会話も弾むようになってきた。


➡「FP協会」について説明します。

日本FP協会といい、1987年に創立。AFP、CFPという資格を認定しています。現在はNPO法人としてその会員数は17万人を超えています。

FP訪問

中川陵子が小峰FP事務所を訪ねたのは平成11年も師走に入ってからである。

JRの八王子駅から中央線で立川駅まで約10分、駅から南に5分ほど歩いたところに小峰FP事務所がある。

電話で連絡してあり、2時に訪問する約束となっていた。少し早く立川駅についたので、駅の改札前にある喫茶店で時間をすごし、ちょうど2時に事務所に着くように喫茶店を出た。入り口に小さなFP事務所の看板が掲げられており、ドアを開けると事務所には机が1つ、3坪ほどの広さであるが、応接セットが置いてある。

「ごめんください」と声をかけると、

「はい」と返事があった。

自宅との兼用になっている扉の奥から、白髪交じりの少し小太りな、定年退職してFPになったという実直そうな顔が覗いた。

陵子は、

「主人は10年前に亡くなりました。現在は長男夫婦と孫の4人で暮らしています」と家族の状況に付いて説明を始めた。

小峰所長は、

「御主人はおいくつで亡くなられたのですか」

「55歳です」

「それは若くして、本当に残念ですね。奥様も大変だったと思います」

「そうですね、何事も主人が行っておりましたので、亡き後は大変苦労しました」

陵子は証券会社で投資信託や株式の売買をして、大きく減らしてしまったこと、いま手元にあるのは投資信託や外国の債券など500万円程度と、現金は300万円くらいであることを話し、運用についての相談をしたのである。

小峰所長は、

「大きな失敗を経験したことでもあり、もうこれからはリスクのあるものに資金を動かしたらいけないと思います。安全な運用を心掛けることが必要ではないでしょうか」

「このような低金利の時に、安全な運用というとどのような商品があるのでしょうか」

「社債や国債など少しでも金利のよく回るものを選んで、分散投資するのがよいと思います。株式は絶対にやめたほうがよいと思います」

と、株式については否定的な見方を示した。

相談料は受け取れないといって固辞され、事務所を出たが、このような低金利の時に貯金や社債などに投資することが、本当に資産の運用と考えているのであろうか。

自分自身の悔しさは、投資信託にしても、株式にしても知識が無かったことと、全て証券マンの言いなりになったことである。

したがってもっといろいろと経済の勉強し、金融商品についても知識を深めたいと思っている。特に株式についてはどのようにしたら、自分自身で納得して運用ができるようになるのかが知りたいのである。

しかし小峰所長は、ＦＰの意見として定期預金と社債を買って、後は3年、5年そのまま何もするなということである。

それで経済、金融の知識がつくのであろうか。

あなたにはもう無理です。危険なことはやめなさいと言われたのだろうか。

またまた憂鬱な気持ちに襲われてしまった。

再度ＦＰ訪問

そうか、定年退職した年配のＦＰだから、堅実にという気持ちが働いたのかも知れない。

今度は若い女性にあたってみよう、違う意見が聞けるかも知れない。

豊田に事務所のある西山ＦＰ事務所を訪ねたのはそれから間もなく、師走も押し迫ってからである。

中央線の豊田駅は八王子駅から5分程度。余り時間もかからない。

駅近くのマンションの一部屋を事務所にしている。

30代中頃と思われるが、スラリとした長身で、明るい感じの女性であった。

西山所長は、

「いろいろとお話を伺いましたが、私としてはやはり株式や株式投資信託など、リスクの高いものは避けて運用すべきだと思います。景気の回復もまだメドがつきませんし、大きな失敗を経験しているので、安全性を重視した運用を心がけたらよいと思います」

とはっきりとした口調で意見を言った。

やはり前と同じ意見であった。

FPというのは誰も安全指向で、リスクを避けることしか言わないのか。

テレビの資産運用の相談でも、やはりそうである。

ファイナンシャル・プランナーの自己保身なのであろうか。

つまり老後の資金作りは58歳になった自分にはもう無理なのか。

一度株式で失敗したら、二度と株式投資はするなということなのか。

まだこれから20年30年と生きていくのに、リスクを避ける運用しかないのか。

預貯金しか奨める金融商品はないのか。

このまま預貯金をしていれば資産は増えていくのか。

損失の大きさに改めて愕然とする。取り返しのつかないことをしてしまった。

息子の幸男に相談したくても、海外勤務で家にいない。

娘の多嘉子は嫁いだ先の両親と同居しているため、このようなことで心配させたくない。

中川陵子の気持ちにあせりと空しさが交錯しはじめてきた。

第10章　死の影

旅行

陵子はファイナンシャル・プランナーと会ってから、また家に閉じこもる時間が長くなった。自分で気力が失せていくのがわかるが、身体が動かない。

また憂鬱な日々がつづくようになった。

夫もいない。趣味の西洋磁器の絵付けも夫の亡き後手にしていない。

これから何を目的に生きていけばよいのだろう。

だんだん目の前が暗くなっていく。

バブルがはじけてから10年余り、当初は資産運用もノンビリ構えて証券会社にお任せしていた。

右肩下がりの景気で次第に損失が増えていくにしたがって、わからないまでも証券に対する関心を持たざるを得なくなっていった。

証券会社とのやり取りを行う中に、気持ちの張りがあった。

その後約2年にわたる裁判で、自分の気持ちを十分に表現できず、呵責の念に苛まされたが、それなりに緊張感があった。

しかし2人のFPに会って以来、何もするな、と言われたようなものである。

いままで張り詰めていたものが一気に薄れていった。

夫亡き後のこの10年余り、それまで明るく楽しかった生活が180度転じ、想像を絶する毎日となってしまった。

毎日やることがなく、惰性で送る日々が続くようになってしまった。

子供たちは気を遣ってそれぞれ交替に、夕飯を食べに街に連れ出してくれたりしているが、空虚さは次第に広がっていった。


そんな折りに京都の浩美から電話があった。

裁判のときにもいろいろと相談相手になってもらった。

胸にあること、耐えられない気持ちをぶつけられる人は、浩美の他にはいない。

久しぶりの会話であったが、懐かしい声を聞いても気持ちが晴れない。

「たまには京都に出てらっしゃいよ」と誘われた。

浩美は、陵子の株式による大損を知っている唯一の親友であり、裁判に負けてからの陵子が気がかりであった。

浩美は、夫の幹夫を癌で喪い、大学生であった長男を交通事故で喪って、浩美自身絶望の淵をさまよっていたことがあったから、陵子の気持ちは痛いほどよくわかる。

浩美が絶望から救われたのは、父親から株式投資を勧められたのがきっかけであった。

父親は、ふさぎ込んでいる娘に対して、どうしたら気持ちを取り直し、元気を出すことができるのか、いろいろと考えていたが、世の中の動きを敏感に感じることができるようになれば、気持ちの切り替えもできるんではないかと思ったという。

「浩美には株式投資の経験がないが、株式投資というのはお金儲けだけではないんだ。日本だけではなく、世界のあらゆるできごとが証券市場に影響を与え、それによって株式は大きく動いている。株式を通して今までの世の中と違う世界を見ることができる。浩美もきっと興味がでてくるよ。京都には幹夫さんの務めていたM製作所があるし、M製作所の株式を持ってみたら」と話す父親の言葉に、反発する気も起らず、ずるずるっとしたがっていったのが結果として自分自身、世の中を見る目が変わり、スナックを始めるきっかけともなった。

スナックを始めて気がついたことは、投資をすることによってお客さんとの会話の世界が広がったことであった。

京都の証券会社の支店で、ＦＰの米山さんの講演会が開催されることを、店に来るお客さんから聞いて、そうだ、陵子にも米山さんの話を聞かせよう。

浩美は大阪で一度、ＦＰの米山さんの話を聞いたことがある。

株式投資について、自分自身の失敗談を交えて話を進めるため、米山さんの話は初心者にとっても理解しやすく、陵子にとっても自分と同じように生きがいを感じるきっかけを掴むことができるかも知れない。

そう思ってセミナーに合わせて陵子を京都に誘ったのであった。

多嘉子夫婦と孫娘の俊子が実家に遊びにきた平成12（２０００）年の2月である。

「お母さん、新婚旅行で回ったところを、もう一度同じように辿ってこようと思うの。浩美から誘われたので京都に行って宿泊し、神戸から船で一泊して別府に行き、雲仙、長崎へと回ってくる」

と陵子は楽しそうに話した。

しかし、この旅行は決して楽しい旅ではなく、この時の陵子のは死の旅路を考えていたのである。

これからどのように生きていけばよいのか、目標とするものが見出せず、生きていく気力が萎えていき、早く夫の元に行きたいという思いが募ってきたのである。

親友の浩美に会って、それから思い出の地を歩きながら、人生を終わりにしようと考えていた。

孫娘の俊子は、

「お土産は何がいいかな」ともうお土産のおねだりである。

長男の幸男も現在は大手町の本社勤務となり、自宅から通っている。

大手商社も業績の悪化で、海外の支店をどんどん閉鎖しており、シンガポールの支店も対象となったため、東京に戻されていた。子供たちは陵子がいなくなっても、もう大丈夫であろう。

京都にて

浩美から、3月の初めに出てきたらとの誘いに合わせて、京都からの旅に出かけた。

幸男の嫁の昌子から、

「お母さん、京都からの旅、のんびりと回ってきてください」

と送り出されたが、
この旅行が死の旅路であることは、子供たちや浩美はつゆほどほども知らない。

浩美とは電話では話をしているが、夫の葬儀の時以来12年ぶりの再会である。

京都駅の改札で待ち合わせることにしたが、浩美は、陵子のひどいやつれように驚いた。

駅前のホテルで食事をとり、昔話に花が咲き、一時ではあるが、萎えた気持ちは影をひそめ、学生時代の陵子に戻り、はしゃいでいた。

浩美が聞いた。

「陵子、明日の予定は」

「特に決めていない。久しぶりに京都の街をのんびり歩いて見ようと思うの」

「そう、しかし京都はそんなに変っていないし、それよりも明日午後から証券会社の支店でセミナーがあるけれど、一緒に聞きにいかない」

「何のセミナーがあるの」

「資産運用について、東京から講師が来るの」

「講師って誰」

「ファイナンシャル・プランナーの米山さん」

「それなら私はいいわ。ひとりで聞いてらっしゃい」

「どうしてそんなに冷たいの」

「聞いても面白くないもの」

「聞いてみなければわからないでしょ」

陵子は浩美に資産運用についてＦＰに相談したことは話していない。

そのことを話しても仕方がないので、

「まあいいや。明日行かなければならないところもないし、浩美にもう少し付き合うか」

としぶしぶ返事をした。

陵子は、浩美もＦＰの講師の話に失望しなければいいなと正直思っていた。

浩美は、陵子が証券会社で取引をして大きな損をしている時、訴訟を起している時など、それぞれの場面で相談を受けていたが、そのときの電話の会話を思い出してみても、それなりに緊張感を感じとっていた。

しかし最近の電話では、会話に張りがなく、資産運用の失敗を思いだしているのか、勝てると思った裁判で負けたためか、明るさがなくなり、相当ふさぎ込んでいることを感じていたのである。

今回のセミナー参加は、まさに病人を医者に連れていくような感じである。

講演会

講演会場であるＮ証券会社京都支店の２階は60人くらいが座れるスペースである。

低金利のため、どのように資産を運用したらよいのか投資家の関心が高く、講演が始まる前にすでに満席となっており、立ち見の人も出るほどであった。

陵子は、ファイナンシャル・プランナーは無難なことしか話さないという印象しか持っていない。

しかし、証券会社出身の講師は金融商品に対するリスクを正面から捉え、

「リスクを避けてはいけない。リスクを理解し、リスクのある商品を、どうしたらリスクを減らすことができるのか、ということを考えることが大切である」

と訴える言葉が胸にささった。

「景気に基づいた資産運用が大切です。景気が好い時には金利も高くなります。利回りで運用しても確実に資産は増えます。そして景気のよい時には株価も高くなっているので、その時には株式投資や株式投資信託の購入は避けなければなりません。

反対に現在のように景気が悪い時には金利が低く、利回りで運用しようとしても資産は増えません。

しかし、景気が悪い時には株価も低くなっていますから、このような時期は株式投資や、株式投資信託を中心に資産の運用を考えることが必要かと思います」

続けて景気の判断をする場合、

「政府や日銀が景気を鎮めようとしているのか、景気を回復させようとしているのか、その方向性を見ることが必要で、このことは誰でも簡単に理解できることと思います」

と、金利と景気と金融商品の関係を分かり易く話している。

さらに株式投資は金融商品の中でリスクの大きな商品である。そのリスクをどうしたら少なくすることができるかということを説明している。

陵子は米山講師の話にだんだんと引き込まれ、一言一言に真剣に耳を傾けていた。

最後に米山講師は、

「株式投資に失敗したらからと言って、子孫代々に絶対株式に手を出すな、という家訓を掲げている家庭もあります。

多くの人は失敗すると、もうこりごり、二度と株式には手を出さないという人が多いのです。

会場のみなさんの中にも株式投資に失敗した人、あるいはこれから株式投資を始めてみようという方もいらっしゃると思います。

大切なことは、少し失敗をして欲しいのです。そしてその失敗をいかに生かすかということです。

失敗なくして成功はありません。失敗は成功のもとなのです。

失敗をこれから咲かせる花の肥料にしてください。

失敗したために自分で諦め、自分を捨てたとき、人生は失敗のまま終わるのです。

〝絶望は愚者の結論〟という言葉をしっかりと胸に刻んでください」

と話を結んだ。

陵子の頭に鮮烈な光が閃いた。

そうだ、〝失敗のまま人生を終わりたくない〟。

どこにそのような力が残っていたのか自分でも不思議に思えるほど、活力がみなぎってきた。

私が今まで求めていたのはこれだ。自分の無知から起こったことであり、しっかりと勉強をして、失敗を今後に生かさなければならない。

〝よし、やるぞ〟

〝生きよう〟

会場を出る陵子の胸の中から、いつの間にか「死」を思う気持ちが溶けて消えていった。

預貯金や公社債を買って黙ってそのまま放っておく。

これが資産運用であり、その他のことはしない方がよい、と言ったファイナンシャル・プランナーとは大きな違いがあった。

同じファイナンシャル・プランナーでも、いろいろな考え方の人がいるのだ。

自分自身で勉強して、自分自身で運用するのに、どうしたらよいのかわからなかった陵子にとっては衝撃的であった。

いつも頭から離れないモヤモヤしていた事が、霧が晴れるように消えていった。

「浩美、今日来てよかった。ありがとう」

「何よ、急に」

陵子はいきなり感情的に、

「東京に帰ったら、米山先生にご相談してみようと思うの」

「そうね、相談してみたら。陵子すごく楽しそうだね」

「そう、京都に来てよかった。浩美に講演会誘ってもらってよかった」

陵子は興奮を覚えていた。

「明日、東京に帰る。後の日程はキャンセル。今晩も食事ご一緒できる」

「どうしたの、まだ振り出しでしょう、これから神戸や別府、長崎などに行くというのに」

「いいの。京都で終わり」

以前の明るい陵子に戻った姿を見て、浩美は心からほっとした。

京都について久しぶりに陵子と会い、そのひどいやつれように浩美は正直びっくりしたのであった。

いつも落ち着いて、にこやかな笑みを浮かべていた陵子の、見る影もない姿であった。

電話での会話からもある程度察することができたが、実際に目にした表情とは大きな違いがあった。

相当神経が参っていたのであろう。

しかし、講演が始まってからの陵子は、人が変わったようであった。

その表情は昔の生き生きとした陵子そのものであった。

陵子から新婚旅行に行ったところを、もう一度回ったみたいということを聞いて、浩美は不吉な予感がした。

人生最良の思い出をもう一度味わっておきたいと、夫婦二人で回るならよいが、一人で回ることに、かつての自分を思い出したのである。

浩美もサラリーマンであった夫を癌で早くに失っている。その上一人息子を大学生のときに交通事故で失ったときには、やはり「死」を考え、思い出の地をもう一度訪ねてみたい気持ちが起こった。

それだけに陵子の気持ちが手に取るようにわかるのである。

何とか陵子が京都で思いとどまることを考えていた。

そんな矢先のセミナーであり、陵子の気持ちにフィットできるのではないかと、多少不安はあったが、結果として思い通りになった。

よかった。とにかくよかった。

浩美は胸をなでおろした。

陵子はタクシーでホテルに戻りながら、「浩美、ありがとう」と心の中で叫んだ。

浩美に会ってほんとうによかった。セミナーに行ってほんとうによかった。

ホテルに戻ると、夜もだいぶ遅かったが家に電話し、

「お母さん。明日東京に帰る。旅行は京都で終わり」

電話に出た嫁の昌子は心配そうな声で、

「お母さん。どうしたんですか。何かあったのですか」と気遣っている。

「心配しないで、お母さん、東京でやることができたの」

第11章　新たな決意

資金の借入

京都から戻るとさっそく陵子は長男の幸男に、自宅を担保に差し入れて銀行からお金を借りたい、保証人になって欲しいと相談を持ちかけた。

「借りたお金で何をするのですか」

「株式投資を始めようと思うの」

「ええ、株式投資。お母さん、株式で痛い目にあったじゃない」

と声高に幸男は反発した。

「確かに失敗しました。しかし今度は大丈夫です」

「何が大丈夫ですか。確かにこの家はお母さんの名義になっています。しかし残っているお金で投資するのは構いませんが、家を担保に資金を借りて株を買うのは反対です。

いいですか、お母さん。失敗したのは人のせいじゃないですよ。みんなお母さん自身の責任なんですよ」

「それはわかっています。確かに私の責任です」

「もしまた失敗したら、お母さんの住む家がなくなるんですよ」

いつもやさしく物静かな幸男が、珍しく興奮して、激しく陵子を責めている。

「お父さんの残してくれた家ですよ」

と静かに口にした。

陵子は京都でのセミナーを聴いて、自分の目標として株式投資の勉強を、実際に自分の力でやってみたい、今がそのチャンスと思った。

FPの米山さんにアドバイスをしていただき、今度は失敗をしないように、自分自身で考えて行う。

米山事務所を訪問することになっている。

そのためには銀行からの借り入れによって、資金を作らなければならない。

いままでふさぎ込んで元気がなかった陵子を、家族は心配していたが、今度は株式投資をまた始めたい、そのために家を担保にお金を借りると言い出し、また家族の頭痛の種ができてしまった。

いままで穏やかであった家庭が、陵子が銀行からの資金の借入を切り出してからというもの、家の空気が一転してギクシャクとしてしまった。

嫁の昌子もどうしてよいかわからず、おろおろしている。

孫のユリ子もどこで聞いていたか、「おうちがなくなっちゃう」と涙を浮かべておばあちゃんを睨んでいる。

京都から帰ってくると、銀行からの借入の問題で頭がいっぱいになっていたため、浩美に電話を入れるのを忘れていた。

お礼かたがた電話を入れ、銀行からの借入の話したところ、

「陵子、それはいけない。幸男さんの言うとおりよ、絶対に借入はしないで」

と強い口調で否定されてしまった。

「やはり自分の考え方が間違っていたのか」

4日目の朝、幸男が出勤の準備をしているときに、陵子は話しかけた。

「幸男。お金の借入はしないことにします」

「お母さん。それはよかった」

幸男はほっとした表情を浮かべた。

この3日間、陵子と顔を合わせていなかった。しかし問題が解決し、晴れ晴れとした表情で家を出て行った。

ＦＰ米山事務所訪問

中川陵子が麻布にあるＦＰの米山茂の事務所を訪ねたのは、陵子がお金の借入をあきらめてから間もなくしてからだった。

京都での証券会社での講演が終わるとすぐに、演壇に近づき陵子は、

「東京からきたのですが、東京に戻ってからご相談にお伺いしてもよろしいですか」

と言って名刺を頂戴していたのである。

陵子のこれまでのいきさつについて、つぶさにメモをとりながら聞いていたＦＰの米山は、

「わかりました。それではどうして資産運用に失敗したか、一緒に整理しながら考えてみることにしましょう」

と話しだした。

「失敗した一番の原因はどこにあると思いますか」

「私の投資に対する知識が無かったことだと思います」

「そうですね。知識ないのにどうして証券投資をしたのでしょう」

「主人が株式投資をしていましたので、そのままずるずるとしてしまいました」

「しかし、奥さんが自分で考えて投資をしたのではないですね」

「そうです。自分ではわからないため、すべて証券会社にお任せをしていました」

「まず、失敗の原因の第1は、自分自身、証券投資の知識がなかったために証券会社にお任せしたことです。したがってこれからはお任せしないことです。自分で考えて投資すること
です」

そして次に、

「お任せした時期はどうでした」

「今から思いますと、バブルの絶頂期からでした。右肩下がりで景気の落ち込みとともに、株価も下落していきました」

「そうですね。景気が下降に向かっている時に、株式投資信託や直接株式に投資をしました。失敗の原因の第2は、投資の時期と金融商品の選択を間違えたことです」

さらに米山が質問をしてくる。

「日証金からの借入れは、断りきれなかったのですね」

「はっきりとお断りすればよかったのですが……」

「そうです。借金をはっきりと断らなかったことが、失敗の第3の原因です。つまり自分の資力以上に投資をしたことです」

米山は続ける。

「投資資金の借入れは、自分の資産を2倍、3倍に膨らませて投資をすることになり、利益が出れば資産を膨らませた分大きな利益になりますが、反対に損失の場合は自分の資産だけでは足りない場合も有るのですよ」

「山三証券が破たんしたため、取引が終わることができました。破たんしなければ最後には自分のお金だけでは足りなくなったかも知れないですね」

「その通りですよ」

「よくわかりました。しかしこのように借金をしてまで取引をすることを、どこの証券会社もお客さんに勧めるのですか」

「いいえ、日証金からの借り入れなどは、信用取引をする人が利用するのであって、一般の投資家は利用しないし、証券会社も勧めません」

➡「信用取引」について説明しておきます。

信用取引とは、投資家が保証金を証券会社に担保として差し入れ、買付資金、売付株券を借りて売買を行い、一定の期間に精算をする取引です。証券会社が顧客に信用を供与するため、信用取引と呼ばれます。

「それでは、なぜ私に強引に勧めたのでしょうか」

「おそらく損失が大きいため、資金を増やして早期に回収を図りたかったのでしょう。それから中川さんに対しては証券会社の思うとおりに運用できると解釈していたのではないですか」

「そうかも知れませんね。私が優柔不断ですから」

このような会話をしながら、つい先日まで、銀行からの借入を考えており、同じ間違いをまた犯すことになったかも知れない。

幸男に意見されたことを陵子はうれしく思った。

「これから運用しようとしている資金は、必要な資金あるいは目的のある資金ですか」

「いいえ、当面予定のない資金です。必要な資金、目的のある資金は別に預金として確保してあります」

「では運用について考えましょう」

これからがいよいよ本題だ。

投資の基本

米山が質問してきた。

「これからの運用を、中川さんはどのようにしようと考えているのですか」

「予定のない資金をどう運用したらよいか迷っています」

「それでは、証券会社にすべてお任せしたために失敗したのですから、これからは自分で考えて運用すればよいということですね」

「はい」

「そして、景気のよいバブルの時期に株式投資信託と株式を始めて失敗したのであるから、景気の悪い時期に始めればよいということです」

「そうですね」

「では、私の考えをお話しますが、参考になるところがあれば、活用してください」

米山は熱意をこめて続けた。

「投資信託については、国内とか海外、あるいは成長株型とか、ＩＴ関連型など、それぞれ数ある投資信託の中から自分で選択を行いますが、専門家が運用するため、やはりお任せになると思います」

「わかります。投資信託に投資していても、奨められるままに動いていたため、証券に関する知識は得られませんでした」

「株式投資信託も、運用の中味は株式であり、やはり株式が理解できていなければ、株式投資信託もわかりません。自分で考えるということは株式を理解することだと思います」

「私もそのように思います」

↓

「成長株型」について説明しておきます。

成長株型とは、グロース型ともいい企業の成長性を重視する運用手法です。成長が見込める企業の株式を組み入れて運用します。

↓

「IT関連型」について説明しておきます。

IT関連型とは、情報技術ということで、一般的にコンピューターのハードウエア、ソフトウエアの製造、販売、および情報サービスを提供している会社です。新聞の株式欄の「情報、通信」に分類されている会社です。

「それでは株式投資についてお話をしていきます。株式は金融商品の中でもリスクが高い商品ということは先ほどお話しました。つまり価格の変動が、他の金融商品より大きいということです」

「はい。わかります。大きな値下がりとなりました」

「それでは、この大きなリスクをどうしたら軽減できるか考えてみましょう。まず始めに銘柄をできるだけ分散することです。つまり1つの銘柄に集中投資しないことです」

「よくわかります。1つの銘柄を万株単位で購入したり、1つの投資信託や債券を1，000万円単位で購入したため、損失の金額が膨らみました」

ミニ株式投資

「株式投資は大きな金額が必要になるのではないか、そして大きな損失を被ることになるのではないかと思っている人が意外と多いです。

しかし現在ではゴルフを1回プレーした、あるいは飲み屋で一杯飲んだつもりで株式が買える時代となっています」

米山はミニ株式投資について説明にはいった。陵子はＦＰとして活躍している現在も米山の説明を参考にしている。相談者にも説明したとおりだ。陵子は回想を続けた。

「ミニ株式投資のリスクを減らす方法として、同じ銘柄を買うのではなく、できるだけたくさんの銘柄に分散します。つまり建設とか電機などに偏らないということです」

「業種を分けるということですね」

「そうです。景気によって業績が上昇していくものと、景気にはあまり左右されないものなど様々となっているため、異なる業種に分散させることにより、一方的な値下がりに備えることができます」

「そのようなことも知りませんでした」

「さて、株式投資のリスクを減らす方法について基本的なことをお話ししましたが、何か疑問に感じる点はありますか」

「いいえ。よくわかりました」

そこで米山はＰＢＲ、ＰＥＲについての説明にはいった。

失敗に学ぶ

陵子は米山から一通りの説明を受けて、株について理解することができた。

「それでは次に運用の失敗した原因である、投資の時期について考えてみましょう。景気のよかった時期に株式投資信託と直接株式の運用を行いました。結果は大きな損失を被ったわけですね」

「そうです」

「その時期にたとえば郵便局の定額貯金やワイド、国債などを持っていたとすれば、金利も高く、資金は確実に倍になっています。つまり金利の高い時、言い換えれば景気のよい時には、リスクの高い株式や株式投資信託を買ってはいけない。利回りでの運用を考えることです」

そこで米山は期待成長率についてやさしく話を始めた。

陵子が利回りについて理解したことを米山に伝える。

「利子が低ければ1，000万円が2，000万円になるのに何十年もかかることがあるのですね」

「そのようですね。利回りで運用しようとすれば期間の少しでも長いものを選ぶでしょう。結果として失敗すると思います。景気が悪い時は企業の業績も全般に悪く、株価も低くなっています。したがって株式での運用を考えるとよいのではないでしょうか」

「よくわかりました。私も現在のこのような安値のところは買い場ではないかと思っています」

「このような格言を覚えておいてください。〝大相場は、悲観の中に生まれ、懐疑の中に育ち、楽観とともに成熟し、幸福感とともに消えていく〟ということです」

「私の場合、本当に逆にしていたのですね」


↓この格言について説明しておきます。

アメリカの投資家であり、ウオール街の伝統的なファンドマネージャでもあったジョン・テンプルトンの言葉です。

> 市場が最も悲観的になっているときこそ買いのチャンスであり、市場が最も楽観的になっているときこそ売りのチャンスである。

しかし、みんなが売ろうとしているときに買い、みんなが買おうとしているときに売るのは強靭な精神力が必要、と言っている。

米山は一息入れて、

「それでは次に、今までは買う時のお話をしてきました。それでは売る時はどのようにして売ったらよいでしょう」

「たとえば2割、3割上がったらすぐに売却したほうがよいのでしょうか」

「それも1つの方法だと思います。私は、売却の時期は、先程もお話しをしましたように、利回りが高くなった時点で、つまり5年、あるいは7年かかるのか、いずれにしても景気がよくなった時点で売却し、国債や預金に替えていくのがよいのではないかと思います」

「そうでしたね、安いときに買って、高いときに売るということでしたね」

「中川さんも大変な失敗をしましたね。実は私も中川さんと同じ位の額の失敗をしました。中川さんはお任せで失敗、私は自分で運用して失敗。私はFPの勉強を始めたのはバブルの絶頂期でしたが、景気の見通しを誤まったことと、分散投資を怠ったことによります。景気の見通しについては、政府や日銀が景気をどちらの方向に持っていこうとしているかという見通しを誤ってしまいました。つまりバブルの頃は景気を鎮める方向で政策がとられていたのですが、自分自身の見方として好景気はまだ続くと判断していました」

「そうでしたか。景気の見通しを誤ったのですね」

「次に分散投資ですが、株式は自社株に集中したため、子供の学資が必要な時期に売却できず、結果として20分の1以下のところで売却する羽目になりました。またゴルフの会員権を高値で2つも所有し、1つは破産、1つは自社株と同じように20分の1となってしまいました。しかしこのように失敗したことが、これからの資産運用に必ず役に立つことと思い、FPとしてアドバイスを行う場合に大きな力となっています」

さらに米山は続けた。

「今まで中川さんにお話していることは、このような失敗の経験からお話をさせて頂きました。つまり失敗を失敗のままにしておいたら何も残りません。失敗を生かすことによって社会に貢献できると思っています」

「確かに京都での講演で〝失敗を生かす〟ということを力説していらっしゃいましたが、FPの先生がそのような失敗をしているとは、夢にも思いませんでした。しかし私は今日お伺いして本当に助かりました。正直に申しますと、これからどのように生活していったらよいのか、生きがいが見出せず、毎日悶々としており、死を考えたこともありました」

と京都からの旅行、浩美の計らいによる講演会参加などを話し、陵子は自分の思いを口にした。

「先生。私が今日受けた感動を、同じように生きがいを見出せない人のために与えることができる、つまり私にも先生のようなＦＰになることができるのでしょうか」

「もちろんできますよ。御主人を亡くされてから、様々な経験を積んでおられる中川さんみたいな方は、きっと素晴らしいＦＰとなることができます」

「こんな年を取っていても大丈夫でしょうか」

「そんな心配は要りません。私も中川さんと年齢は変りません。まだまだこれからと思っています。年齢は８掛けにしていますからまだ48歳です」

「そのお考えはよいですね。昔と違って60歳と言っても元気ですよね」

「そうです。今の75歳が昔の60歳ですよ」

「なんだか元気がでてきました。それではＦＰに挑戦してみることにします」

「頑張って挑戦してみてください」

「先生、今日は本当にありがとうございました。お伺いしてよかったです。どのように運用してよいか本当にわからなかったのですが、今日のお話を伺い、自分で考え、思い通りに投資ができる自信が湧いてきました。それとＦＰとしてこれからお役に立てることができればという目標ができました」

「理解できないことがありましたら、どうぞまた訪ねてください」

麻布の事務所を出ると、渋谷駅行きのバスがちょうどやって来た。なんと足取りの軽いことか。

第12章 大いなる目標

弁当工場

陵子は証券の売買で損をしたが持家があり、預金や社債、株式もまだ残っている。

生活は子供達と一緒のため、ある程度ゆとりを持った暮らしをしている。

しかし亡き夫が残した財産を、証券投資によって大きく損失させたことが、自分の責任として常に頭の隅にある。

そんなに気にするなよ、と草葉の陰で夫は言っているであろうが、自分自身に納得できない。

陵子はＦＰ資格の取得と、ミニ株式投資の実践という2つの目標を掲げ、挑戦することにした。

ＦＰ資格試験を受けるためには、学校に通う必要があり、その資金は働いて稼ぐことにした。

浩美のたくましく生活している姿を見て、陵子も働いて受験の費用を調達しようと、心に決めた。

幸男は、

「お母さん、学校の費用は僕が出すよ」

と言ってくれたが、

「いいのよ。一生懸命働きますから」

新聞のチラシで見つけた弁当工場で働くことが決まった。

朝の早い仕事であり、自転車で15分、毎朝通うことにした。

3月の朝はまだ寒い。陵子にとっては厳しいパート勤めであるが、半年間がんばる予定である。

30代の若い主婦や陵子と同じような年齢の人もいる。みんな明るく働いている。

陵子はこれまでの生活で、自分が働いて給料をもらうということがなく、いかに働くことが大変かということを、肌で感じることができた。

ほんとうに狭い世界しか知らなかった。それがパート勤めに出たことで、世の中の広がりを実感できることがうれしかった。

嫁の昌子が楽しげな陵子に言ってきた。

「お母さん、FP資格試験の問い合わせなど、何かお手伝いしましょうか」

「いいわ、自分でいろいろ問い合わせてみるから」と自分から積極的に電話をかけ始めた。

平成12年度第2回のFP資格審査試験は11月にあり、4月から開講する学校に通学すれば、受験できることが分かり早速手続きを取った。

幸男は会社から帰ると昌子から聞いたらしく、

「お母さん、ＦＰの資格に挑戦だって。張り切っているね。身体を壊さないでくださいよ」

「大丈夫。まだまだ若い人には負けないわ」

久しぶりに家の中が明るくなり、家族の楽しい会話が交わされるようになった。


陵子の忙しい生活が始まった。

今まで一日中何も手に付かない生活習慣が、様変わりしたのである。

朝早く弁当工場に行き、午前中で勤務が終わると、午後は図書館に通い、ＦＰの勉強。

夕方5時に図書館が終了すると、家に戻り新聞の株式欄を広げて株価が安値を付けている銘柄をピックアップする。

会社四季報で、その会社の1株当たり株主資本をチェックする。

電卓を叩いて株価を1株当たり株主資本で割ってＰＢＲを計算する。

1倍を割り込んでいる銘柄や、その近辺のものを買いの目途に、ミニ株式投資の作業を進めている。

株価は日本の政治、経済、金利、為替を始め、世界の政治経済の影響を受けて動いている、ということをＦＰの米山から聞いているので、株価を通して経済を勉強していくことにしている。

土曜日はFP資格取得のため、横浜の学校に通学した。

1日6時間の勉強は59歳の中川陵子にとってはしんどく、また覚えることが多くて大変である。

しかし学校にはサラリーマンで定年を迎えた人や、資格を取得し仕事に役立てようという若い人達や主婦など、たくさんの男性、女性が通ってきている。

学校での勉強を通して友達ができることも、陵子にとっては楽しいことであった。

この陵子の変わりように一番ビックリしているのは、嫁の昌子である。

今までは家にとじこもり、笑顔が消えていた陵子であったが、見違えるように生き生きとし始めた。

昌子は、

「お母さんを見ていると、時間が分かります」

と一日を計画どおりに行動している陵子の動きに、昌子も必然的に追われるようになった。

受講生仲間との団欒

「今日の夕飯は、学校の講義が終わってから、受講生の皆さんと一緒に食べてきますから、いいですよ」と陵子は昌子に伝えた。

　FPの講座は、朝10時から夕方5時過ぎまで1日中教室で机を並べているため、受講生同士、お互いに気心が通じ、土曜日の講義が終わると居酒屋で一杯というときもある。

　勉強は大変苦労をしているが、そんな中にも一時の楽しい時間を持つことができ、時には講師を交えて、FPについての質問やら、独立した場合のアドバイスなど、活発に意見の交換が行われる。

　主婦の岡野さんが、6時間の講義が終わったあとに講師の山川講師に、

「今日はこれから受講生の皆さん食事に行きますが、先生もどうですか」と声をかけると、

「あら、いいですね、お腹も空いたし、ご一緒させていただこうかしら」

　横から電機会社を定年退職した上田さんが「どうぞ、どうぞ、一緒に行きましょう」と大柄の体をゆすりながら先に歩き出していった。

　横浜駅の西口前にある大衆酒場が、行きつけの場所のようである。

　今日の参加者は、社会保険労務士である山川講師を含めて9人。

　年配者である上田さんの〝乾杯〟の音頭で楽しい飲み会が始まった。

「先生、定年後はFPの仕事をしたいんですが、どうしたらいいでしょうか」と最初に質問をしたのは建設会社で経理をしている星野さん。

「そうですね。仕事は待っていてもやってきません。自分自身で積極的に働きかけをしてい

かなければだめですね」

「積極的に働きかけるといっても？」

と星野さんは営業が苦手であり、少し不安げな表情を浮かべている。

「FPというのは皆さん勉強していてお分かりになったと思いますが、非常に範囲が広いですよね。したがって自分一人ですべて専門的にわかるということは無理です。つまりそれぞれの専門家の仲間作りが大切なのです。

日本FP協会が認定したスタディ・グループ（SG）という勉強会が各地に作られています。月に一度程度会合を持ち、最新の情報交換や学習を行っています。グループに入って横のつながりを持つことも、働きかけの1つの方法でしょうね」

と山川がにこやかに説明した。主婦の岡野さんが山川にビールを注ぎながら、「だれでもSGの勉強会に入れるのかしら」と質問すると、

「希望すれば、どこのSGも入れてくれると思いますよ」と応じている。

陵子はFPになった後で分かったのだが、岡野さんは明治時代の元老の一人の末裔で、旧姓で著書も出しており、飲み会の発起人でもあった。

今度は金融機関に勤めている星野さんが質問する。

「SGって、それぞれ何か特徴があるのですか」

「地域的なつながりを持つグループや、金融に特化したグループなどいろいろとあるから、

自分にあったＳＧを選べばいいですよ」

「じゃ、仕事の関係もあるし金融に特化したＳＧを探せばいいんだな」

若いエンジニアの鈴木さんも鍋に箸を入れながら加わる。

「継続教育として、一定の単位の取得が義務づけられていると聞いたけれど、どういうこと」

「そう、ＦＰ協会に登録すると継続教育が義務づけられているのよ。ＣＦＰは２年間で30単位、ＡＦＰは２年間で15単位必要なんです。ＳＧの勉強会は継続単位として認定とされています」

「単位を取るのに、他に方法は？」

「ＦＰ協会主催のフォーラムや、各地に支部があり、その支部が行う研修会に出席する方法や、本の出版や執筆なども単位として認定されますよ」

陵子もおそるおそる質問してみた。

「ＦＰとして広く世間に認知されるためには、どのようなことが必要なのでしょうか」

「そうですね、ＦＰとして認められるためには、まず地域に密着した活動が必要です。公民館などに働きかけを行ってライフ・プランのセミナーの開催、地域の学校に対して金銭教育・投資教育などの働きかけもこれからは必要になってくるでしょうね。また雑誌の執筆や本の出版なども影響が大きいですね」

「そうですか。これからは金銭教育・投資教育が必要となるのですね」

と陵子はしっかりとうなずき、頭に収めた。

若いエンジニアの鈴木さんは、ビールをぐっと飲み干しながら、「始めからセミナーといっても、難しいよね」とみんなに聞く。

「そうだよ、セミナーなんかできないよ」と一勢に声が上がった。

「その通り、誰でも最初からうまくできるわけがない。やはり失敗を繰り返しながら、経験を重ねてだんだん上達していくものです」

「ああ、そうだな。やはり失敗と言うのが上達のコツなんだ」

若いエンジニアの鈴木さんも大きくうなずいている。

主婦の今井さんが少し不安げな表情でつぶやく。

「主婦の立場、消費者の立場から、アドバイスができるといいのですが、相談業務は商売として成り立つのかしら」

「現在の状況では、相談業務で商売するのは難しいようですね、アメリカのように相談業務が収入に結び付けばいいのですけれど、まだ日本では無理のようです。それまでは相談業務に限らず、何か一つ専門的な知識を身につけて、自身の特徴をアピールできるようにしておくことが必要ですね」

「日本ではまだ相談業務で収入を得るということはなじまないな」と上田さん。

といくらか落胆のようすである。

商社マンの石田さんは一番の酒豪のようで、赤らめた顔で質問する。

「ＦＰが国家資格になるという話がありますが、ほんとうですか」

「そのように聞いております」

陵子が聞いた。

「国家資格になると、それ以前に取得していた場合にはどうなりますか」

「ＦＰの資格を持っていれば、それだけの知識があるわけですから、研修や簡単なテストで取得できると思います」

良かった。国家資格になるんだ。陵子はほっとする。

ワインの大好きな生命保険会社に勤務の菊池さん、ワインを片手に質問した。

「先生、ＦＰの資格はこれから有望と思いますか？」

「アメリカでは、友人に医師、弁護士、ファイナンシャル・プランナー（ＦＰ）を持つことをステータスとしており、その存在は社会に十分認められています」

ビールやお酒を酌み交わしながらＦＰに対する質問やら、疑問やらが飛び出し、時間のたつのを忘れて座が盛り上がっていった。


（平成14年4月からＦＰは国家資格となりました）

↓

ＡＦＰ試験
ＦＰ協会の実施するＡＦＰの受験に必要な課目
［ＦＰの基礎］
　ＦＰのガイダンスとして倫理規定やＦＰの手法
［金融資産運用設計］
　貯蓄商品や株式・債券・投資信託などの投資商品
［不動産運用設計］
　不動産の有効活用や法律知識、税金
［ライフ・リタイアメント・プランニング］
　資金計画や社会保険の概要、リタイアメント・プランニング
［リスクと保険］
　保険制度の概要や生命保険、損害保険
［タックス・プランニング］
　日本の税制と所得税、法人税など
［相続・事業承継］
　相続と贈与、事業承継、自社株評価
以上のように7科目を勉強することになる。

試験まではあと7か月。結構ハードな日程を組んで勉強しないと追いつかない。しかし日常家庭生活で起る身近な問題について、このような知識を得ることだけでなく、実践していくことが自分に課せられた目標と決めているので、陵子は夜も食事が終わって9時になると自分の部屋に入って勉強した。

ファイナンシャル・プランナーになる

12月に入るとプロ野球のイチロー選手の話題が、新聞紙上をにぎわしている。何しろ野手で初めてマリナーズに入団した大リーガーである。

東証の株価も14，000円台とハイテク株中心に賑わっている。

全国の郵便局で2年物国債を売り出したところ、買い注文が殺到して受け付けのコンピュータがパンクしてしまったほどの過熱ぶり。

新世紀をホテルで過ごそうということで、年末年始3泊4日、4泊5日で一人100万円、普段は国賓などが利用する豪華なスイートが、予約で既に満杯となっている。

白川博士のノーベル賞受賞など明るい話題も多く、不景気などどこ吹く風と思える年末である。

一方物価は下落し、デフレの様相を呈しているが、日銀は流通革命やパソコンを始めとするITの発展、生産性の向上が物価の下落要因として、需要の弱さではないから「良い物価下落」として、心配していない。

アメリカの大統領選挙でブッシュ氏の勝利、8年ぶりの共和党政権の誕生を伝え、10月17日の投票から混迷大統領選に終止符を打った。

パートも9月で終わり、AFPの試験も終わったので、陵子の生活のリズムが大きく変化してきた。

図書館に行く時間が無くなり、その間、家で新聞を読む時間が増えてきた。

この半年の間に自分自身がどのように変っていったか、目を見張るようである。

無関心であった政治や経済に関して、興味を持つようになり、世間の動きにも敏感になってきた。

FP試験の合格発表が近づくにしたがって、だんだん不安が募っていく。

正直余り自信はなかった。

金融資産運用設計は自信があったが、特に相続・事業承継とタックスは自信が無く、他の課目でどれだけカバー出来たか見当がつかない。

この年になって、これだけ勉強するとは思っていなかった。

しかし自分なりに一生懸命頑張った。

やるだけのことはやったのだ。

と自分に言い聞かせている。

今日は合否結果の通知が郵便で送られてくる日である。

陵子は朝から落ち着かない。


昌子も大変不安である。合格してくれればよいが、もし不合格であったら、何と言葉をかければよいのか。郵便配達のバイクの音が聞こえた。まもなく、

「昌子さん！　合格よ」

玄関先から大きな声がした。

昌子も家の奥から玄関に出てきて、

「お母さん！　おめでとう。良かったですね」思わず涙ぐんでしまった。

中川陵子のファイナンシャル・プランナー誕生である。

第13章　夕日の輝き

新しい人生

陵子はＦＰの試験に合格した報告と、年末に京都に行くことを浩美に電話した。

今度の京都行きは一泊であるが、楽しみである。

この春には浩美が陵子の苦しさを察して、京都に呼んでくれた。

証券取引の失敗がどうというのか、裁判に負けたからといって何なのだ。

生きがいが見出せないなどと悩んでいたが、自分から見出す努力をしていなかったのではないか。

自分の苦しみは家族を立て続けに失った浩美の苦しみから見れば遠く及ばない。

浩美は自分のことに関して一言も触れることがなかったが、先の京都から戻り、気持ちが落ち着くとともに、浩美の心遣いが痛いほどよくわかった。

誰しもみな苦しみを抱えて生きているのだ。

私一人が苦しみを背負っているのではない。

私も世の中に必要とされる人間として生きよう。

高齢化社会を迎え、高年齢層の活躍が社会全体の活性化につながることになる。

そのためにＦＰ資格に挑んだ。

ＡＦＰ試験の勉強はつらかった。しかし終わってみれば、苦しかったことが楽しかったこととして思い出に残る。

何かひとつ新しいことを始めることによって、今までの自分が変わることができるものであることがわかった。

年齢は気持ちの持ち方で、いくらでも若くなる。目標に向かって歩いている間は若いのである。

貯めるお金・使うお金

中川陵子は、雑誌に掲載されていた「高齢化社会の生き方について」と題するＹ美容芸術短期大学理事長の文章に刺激され、一度お話を伺いたいと思っていた。

短期大学は八王子にあるが、Ｙ理事長は教授会議などのある時に八王子に出向くが、通常は代々木の学校にいることが多い。

Y理事長のお母さんは、日本美容界のオーソリティだった方で、その御子息であるY理事長は1年の3分の2はアメリカで生活している。

12月も中旬となり、何かと気ぜわしい時であったが、ちょうどタイミングよく日本に滞在していたため、代々木の学校の3階応接室でお話を伺うことができた。

昭和11年生まれの64歳であるが、すらっとした長身に洗練された身のこなし、若々しさが漂い、さすがに美容学校の理事長という感じである。

Y理事長は、「sunset is as beautiful as sunrise」と英語で発音し、

「人生を重ねていろいろ経験を経た人、これは太陽でたとえるなら夕日にあたるわけですが、この夕日は朝日ほど美しい」

と理事長のお母さんがいつも弟子に言っていた言葉を教えてくれた。

陵子はこの「夕日」という言葉が大変気に入った。

人生これからあと10年、あるいは20年夕日のように輝いて生きたい。

「素晴らしいお言葉ですね。この夕日と言う言葉を使わせて頂いてよろしいでしょうか」

「どうぞ、構いません。男性に対しては〝ぬれ落ち葉〟などとひどい形容をしていますね。また現在の60代、70代の女性は、いろいろな面で遠慮があるが、40代、50代の女性は周囲の視線を気にせず、自分は美しくありたいということで大きく異なる生き方をしています。結

婚していない人も多く、また子供もいない人が多いため、働いたお金はどんどん貯めることができます」

さらにY理事長が続ける。

「現在の40代、50代の女性が、これからの日本の生き方を変えていきます」

アメリカにも住まいを持っており、アメリカでの生活を通して女性を見ていると、陵子は感じた。

「そうですね。確かに60代の私達と、40代の人達の考え方は違ってきていますね」

「貯めたお金をどう使うのかが問題です」と理事長。

「物のない昔と違って、欲しいものはみな手に入れているでしょうから」

「そうです。物はある程度持っています。しかし貯めたお金を誰かのために残す、ということは考えていません」

「独身で子供がいなければ、兄弟や親戚に残すために貯めているのではない、するといかにお金を使うかということですね」

「そうです。現在の40代、50代の女性が、20年先に持つお金は、１００兆円を超えると言われています」

「ファイナンシャル・プランナーとは、ライフプランに基づいてお金を貯めることを中心に考えていましたが、お金の使い方のライフプランということも必要ですね」

と陵子は資産運用について、お金の貯め方について考えていたが、使い方についてもライフプランが必要ということを感じた。

Y理事長は、

「私もアメリカに留学中、21歳の時に保険の販売で、全米第2位の成績を上げたことがあるのですよ。そのセールストークは、ライフプランの中で保険の必要性と、自分自身が使えるお金について話しをしました。当時大変な収入を得たのですが、学生ですからあまりお金は使わなかった」

とアメリカに留学していた当時を懐かしく思い出しながら、話してくれた。

元気な高齢者

「厚生労働省では、お年寄りはいたわるものと考えており、高齢者というと「介護」と「福祉」という言葉がすぐに出てきますが、これに美容を加え、美容福祉学科を創設しました。しかし、高齢者と美容という関係を厚生労働省に理解させるのに、大変骨が折れた」

とY理事長はその苦労の様子を打ち明けた。

美容福祉学科の狙いは高齢者を明るいイメージにしようということで、平成14年3月に第

1期生が誕生する。

「老後に何かあったら困る。という不安から貯蓄に走って、なかなかお金を使おうとしない。しかし日本では国民皆保険という世界でもっとも進んだ制度がある。アメリカでは病気になれば家や財産すべてを失うこともあります。その点日本では全財産を失うようなことはありません」

「そうですね。全ての国民が国民健康保険や組合健保に入っています。その上さらに生命保険や郵便局の簡易保険にも入っている人が多いですね」

最近はファイナンシャル・プランナーによる保険の見直しが行われ、自分がどのような保険に加入しているのか、また保障金額について妥当なのかなど、保険に関する関心も高まってきている。

Y理事長はソファーに深く座りなおして言った。

「テレビや新聞、雑誌などで、老後は寝たきりになるという報道ばかりしているが、そんなに不安を煽る必要はないと思う」

「そうですね。高齢化社会というと、介護とか寝たきりなど、暗いイメージしか与えていません」

「明るいイメージを作る必要があります。男性は老後の不安におののいているのでなく、戦後の日本を企業戦士としてここまで引っ張ってきたのです。これだけの成長を支えてきた、という誇りを持って明るく、楽しい老後を過ごすことを考えて欲しい」

「そうですね。日本では平均3，000万円残して亡くなっていくと言われています。まだ15年、20年使えるお金です。もう少し楽しく老後を過ごすことを考えないといけないですね」

「女性は少し違いますね。美しくありたい、若くありたい、触れられたいという気持ちが常にあります。また男性よりも行動的です。鏡の前では必ず立ち止まり、髪に手がいきます。口紅を塗るだけで元気になります」

病院や施設で鏡を置いておくと、それだけで効果があると言う。

陵子が質問した。

「男性の若返りは何でしょう」

「男性もサラリーマンだった人は、ネクタイをするとシャンとします。社会の一線で働いていた頃を思い出すわけです」

寝たきりで覇気が無く、よたよた歩いていた人が、ネクタイを締めてスーツを着ると、腰を伸ばしてしっかりと歩き出すという。

「それではたまに外出する時に、スーツを着てネクタイを付けるようにすることが大事ですね」

「そうです。男性も女性もおしゃれに気を使い、どんどん表に出ていくことです。そして積極的に人の輪に入っていくことです。高齢者が一番お金を持っているのですから、楽しく使うべきです」

一時間の応接時間はあっという間に過ぎてしまい、一階の入り口まで送っていただいたが、これからの時代、高齢者の不安を取り除き、ライフプランに基づいていかにお金を使っていくかが、ファイナンシャル・プランナーの重要な役割であることを陵子は実感した。

第14章　ＦＰとしてのスタート

ＦＰの仕事って何

平成13年のお正月を迎え、長女の多嘉子一家も年始に訪れて、久々の賑わいである。

幸男のところではユリ子も3歳になった。

多嘉子の家庭では、孫の俊子は6歳となり、今年小学校に入学である。

子供たちが家の中を駆け巡っているので、多嘉子がしきりに静かになるように言っているが、子供たちはお構いなしである。

多嘉子の夫健一が、

「2月にうちの局で金銭教育の特集番組を予定しているのですが、ＦＰでだれか知り合いの人がいますか」

「まだあまり知り合いの人はいないのですが、お世話になった人で麻布に事務所を持っているＣＦＰの米山茂さんならご紹介できます」

「その方はどのような人ですか」

「お母さんが困った時に、相談に乗って頂いた方です。証券会社を定年で退職してFPになられたのですが、御自分でも大変な失敗をなさった方で、お話に説得力があります」

「その人を紹介していただけますか。できれば早い方がよいのですが」

「わかりました。連絡してみます」

幸男が話を受ける。

「お母さん、FPの資格は取れたけど、仕事って何をするの」

「相談を受けたり、雑誌などに執筆したり、セミナーを行ったり、いろいろあるようです」

「FPって良く雑誌などに載っているけれど、じゃあお母さんも雑誌に載るようになるの」

「そんなに簡単に雑誌に載るわけがないでしょ」

「講演もするの」

「いずれ講演もしたいと思うけど、当分無理でしょうね」

「じゃあお母さん、仕事はできないの？」

「まず友達を作って、そこでいろいろ仕事のやり方や、どのようにセミナーを行っているのかなど勉強していくつもり」

「まあ、焦らずにゆっくりやればいいよ」

「先ほどの米山さんというFPに相談してみたらどう」

「そうね、お会いした時にいろいろと伺ってみます」

陵子は期待で胸が膨らむ反面、自分に何ができるのかという不安が入り交じって複雑な胸中であるが、主人が亡くなって以来、久ぶりに楽しいお正月を迎えることができ、心からやすらぎを感じていた。

スターディー・グループ（SG）

七草もあけ、陵子はFPの米山に連絡を取り、久しぶりに麻布の事務所を訪ねた。

相変わらず、にこにこと快く迎えてくれた。

「やあ久しぶりです。FP合格おめでとう。頑張りましたね」

「FPの勉強は大変骨が折れました、何しろ勉強と言うのは大学を出てからしていませんので、覚える端から忘れてしまいましたが、しかしお蔭様で充実した日々を過ごすことができました」

「株式投資の方はどう。始めて見ましたか」

「はい。前に教えて頂いたPBRを基に検討し、毎月少しずつミニ株式で業種をいろいろと分散しながら購入しています。まだこれからも株価が下がれば続けて購入していく予定です」

「そうですね。昨年より株価も下がっていますし、購入できる予算の範囲で、時期をずらしながら買っていったらよいですね」

「はい、そのつもりです。ところで今日は先生に2つお願いがありまして、お邪魔させていただいたのですが、まず1つは娘婿の勤務しているテレビ局で、金銭教育、投資教育の特集番組の企画があるようなのですが、先生に出演をお願いできましたらと思ってお伺いいたしました」

「そうですね、スケジュールがうまく合えば、喜んで出演させて頂きます」

「ありがとうございます。その旨息子に伝えておきます。あとは息子と直接連絡を取り合ってください」

「分かりました。それでは連絡をお待ちしております」

若い事務員の女性がお茶を入れながら、

「AFP合格おめでとうございます」

と挨拶し、

「私もいま通信教育で勉強しているのですけれど、難しい言葉が多く、苦労しています」

「こんな年寄りが受かったのですから、大丈夫ですよ」

「中川様に負けずに一生懸命やってみます」

米山が質問してきた。

「もう1つのお願いとは何ですか」

「FP受験の講義を受講している時に、講師の方からFPは仲間作りが大切で、スタディ・グループという勉強会があると伺ったのですが、具体的にどのようなことか教えて頂きたいのですが」

「そうですね。確かにFPは仕事の分野が広く、一人ですべて専門的に理解することは無理です。したがってそれぞれの専門家と知り合いになることが必要です。日本FP協会では仲間同士で勉強をする組織として、スタディ・グループ（SG）という会を認定し、継続教育の単位を与えています。その会に入会して一緒に勉強しながら仲間に加わっていけばよいです。銀行や証券会社、保険会社、税理士、不動産鑑定士、宅建取引主任、社会保険労務士、司法書士など、その他あらゆる業種の専門家が参加しています」

「私は何の専門もありませんから、無理ですね」

「いいえ、そんなことはありません。ファイナンシャル・プランナーに求められるものは、一番に〝人間性〟、〝信頼される人〟です。

中川さんには永い貴重な人生経験があります。机上の理論ではなく、実際の体験、経験から学んだ素晴らしいものがあります。それを活かすことが大切です。そして専門的な資格が無ければできない事は、それぞれの専門家にお願いをすればよいのです。そのためにも仲間作りが大切になるわけです」

「わかりました。私は自分自身の無知によって資産の運用に失敗をしました。皆さんが同じような失敗をしないようにアドバイスをすることが、私にできることだと思います」

「そうです。金銭教育、投資教育ということですね。家庭においても、学校においても一番大切なことなのに、今までタブー視してきましたが、これからは重要なテーマとして関心が高まっています」

「金銭教育、投資教育について、私自身もっと勉強していこうと思っております」

「それが良いと思います。それからSGグループですが、グループにはそれぞれ特色があります。私は2つのSGグループに所属していますが、その1つに企業福祉を中心に勉強しているSGがあります」

「企業福祉というと、どのようなことを勉強しているのですか」

「企業の福利厚生制度や、確定拠出年金制度などについて勉強しています。カフェテリアプランなどという言葉も最近よく使われています」

「カフェテリアプランというのは何ですか」

「今までは会社が福利厚生ということで、従業員のためにいろいろな制度を設けていました。しかし従業員一人一人のニーズは様々です。例えば住宅ローンの利子補給を多く受けたい人、スポーツクラブに通う費用を補助してもらいたい人、保養所を利用するための補助を受けたい人など、従業員一人ひとり皆考え方が違います。そこで自分の希望するものを一定のポイントまで選択できるようにした制度です」

さらに米山は続ける。

「退職金や企業年金、それから介護などについても勉強しています」

「私も福祉や介護の勉強会に参加してみたいのですが、入会できるのでしょうか？」

「ええ、別に資格や制限はありません。代表者に連絡をとっておきますので、次の勉強会の時に一緒に行きましょうか」

「ありがとうございます。お願いします」

「AFPの資格には、2年間で15単位という継続教育の履修が課せられています。資格だけあればよいというのでなく、絶えず研鑽が必要です。法律や制度は常に変ります。金融商品も新しい商品が次から次へと登場し、常に勉強していかないとどんどん遅れてしまいます。そのためにもSGに参加し、絶えず最新の情報を得ることが大切です」

さらに米山は各地で新聞社の系列の文化センターが行っているセミナーについて話した。

「八王子センターの所長さんを知っているので紹介をしましょう。そこで何回かのシリーズで講座を開いたら良いですよ。やさしい資産運用とか、主婦のためのライフプランなど、基本的なことを分かり易くお話をしたらいいですよ」

「いきなりセミナーなんてできますかね」

「誰でも初めは皆おなじです。初めから上手な人なんていません。皆失敗を繰り返しながらだんだん上達していくのですよ。やってみましょう」

初めてのセミナー

ＣＦＰ米山の紹介によって、7月から八王子文化センターにおいて「ライフプランに基づく貯めるお金・使うお金」というタイトルで、5回にわたるシリーズでセミナーを行うことが決まった。

まだ2か月余りあるが、落ち着かない。1回2時間。どのように話したら良いのか。

4月からＳＧの勉強会に参加しているので、講師がどのようにレジュメを作り、話しをすすめていくのか、真剣に学んでいる。

また都内で行われる経済講演会や、市の消費生活センターの主催するセミナーなどにも出席するなどして、できるだけ話し方や話題の収集を心掛けている。

6月になって麻布のＦＰ米山事務所を訪ねた。

毎日雨でうっとうしい日が続いているが、陵子の気持ちも同じである。

「先生、レジュメを見てください。レジュメに従ってお話をしていこうと思いますが、昔子供が小学校に通っている頃、ＰＴＡの役員をしているときに、少し人前で話したことがあるのですが、それ以来ありません」

「よくできているね。このレジュメに沿って話を進めていったら良いです。うまく話そうと思わないで、自分の思っていることを素直に話せばいい。

人数が少ないと思いますので所々で質問を受けると、皆さんの知りたいことが分かりますし、雰囲気が和らぎます。

分からないところは、次回までに調べて解答するようにしたらいいですよ」

さらに米山がアドバイスを加えた。

「レジュメを見ながらここのところでは、板書を利用して図を書いて説明すると分かり易いな」

と板書の利用についてもアドバイスが得られた。

「そうか。板書を利用するよと分かりやすいですね」

「失敗を恐れないように、誰でも1つひとつ失敗の積み重ねをしている」

「わかりました。今日はお忙しいところをお邪魔致しました。ありがとうございました」

「また何かありましたら、遠慮なくいらして下さい。電話でもいいですよ」

陵子はレジュメに沿ってここまで何分、ここからここまでが何分、という具合に時間を計りながら、また板書の書き方などを反復しながら、家の中で何度も繰り返し練習をしていった。

いよいよセミナーの当日である。

八王子駅ビルの10階にある文化センターに、予定時刻より30分前に受付けのカウンターに顔をだし、

「こんにちは、ファイナンシャル・プランナーの中川です」と元気よく言葉を掛けると、

「こんにちは、どうぞこちらへ」と受付の女性が、簡単に仕切りのある応接に案内し、奥からセンターの清水所長が、

「やあ、こんにちは、ご苦労さまです」と右手をあげながら近づいてきました。

前に一度打ち合わせのためにセンター訪れているため、お互いにお顔は存じている。

「先日はありがとうございました。今日からお世話になります。よろしくお願いします」

「こちらこそよろしくお願いします。受講者は11人です。教室は後でご案内します。講義の様子を写真に撮りたいのですが、よろしいでしょうか」

「はい。結構です」

と答えたのはよいが、これはかなり緊張するなと思った。しかし、まあ自然体で行こう、と腹を決めて臨んだ。

受講者は平日のせいでもあり、女性が８人、年齢は30代から60代と幅広いが、男性の３人はいずれも定年退職した感じの高齢者である。

「皆さん、こんにちは。ファイナンシャル・プランナーの中川陵子です。本日は〝ライフプ

ランに基づく貯めるお金、使うお金〃についてお話をさせていただきます」
陵子は、と明るく弾む声で挨拶をし、
金融商品についての説明のところでは、板書に書きながら、
「金融商品の知識がある人と、無い人では、こんなに利子に違いがでるのですよ。
１００万円をビッグとワイドのどちらに預けた場合、満期にいくらになりますか。

　平成2年10月　　　どちらも平成７年10月が満期、

ビッグ　年平均利回り９．６３３％（貸付信託の年利率8.02％）　００００、

ワイド　年平均利回り９．６０６％（利付金融債５年物利率8.00％）　００００、

と平成２年10月に提示されたビッグとワイドの年平均利回りをホワイトボードに書いた。

「ビッグに１００万円預けた人と、ワイドに１００万円を預けた人の利息は、満期の平成７年10月にどのようになるでしょう。さて皆さんはビッグとワイドのどちらに投資しますか」

と受講生に問いかけると、ほとんどが、

「少しでも利回りのよいビッグを選択します」

と答えた。

「どちらも年平均利回りは９％台ですから、みなさんは5年後に１４８万円前後の収益を期待したと思います。しかしビッグは、貸付信託の金利を基に計算されます。そして変動金利商品ですから半年ごとに利率が見直され、平成７年５月には貸付信託の利率は1.70％まで下

がったため、当初提示された9.63％の利回りは維持できず、結果的に利回りは5.07％になり、受け取る利息が大きく減額し、元利合計は約128万円です」

「さて、一方のワイドは固定金利商品のため、当初提示された9．606％の利回りが満期まで続きましたから、元利合計は約148万円」

このように固定金利と変動金利の関係を説明し、5年間の金利の違いを説明すると、受講生は熱心にメモを取り出した。

「反対に金利が上昇していく場合は、ビッグのように半年ごとに金利が見直される商品が有利となりますが、ワイドのような固定金利は不利となります」

さらに陵子は説明を続ける。

「金融商品に投資する場合、このように5年満期の商品であれば、5年後の景気や金利の判断が重要となりますね」

と景気の先行きにも関心を持つことを話した。

浦田次長がカメラを構えて講師の陵子をいろいろな角度から写し、今度は室の前方から受講生を何枚も撮っていました。

質問を交えた2時間のセミナーは、あっという間に終了した。

数人が教壇に集まってきた。

「今までほんとに金融について無頓着でした」

「知らないと結構損をしているのですね」

「しっかりと勉強します。また次回もよろしくお願いします」

と皆さん満足した様子で教室をでていった。

疲れがどっと出て、汗で襟元がびっしょりになっている。

事務所に戻ると清水所長が、

「ご苦労様でした。どうぞお茶を。皆さん大変喜んでお帰りになりました」

とねぎらってくれた。

「ありがとうございます。みなさんに喜んで帰って頂き、良かったです」

駅ビルの地下でお土産を買って帰ろう。陵子は初仕事が無事に終わり胸をなで下ろした。


↓「ビッグ」について説明します。

ビッグ（収益満期受取型貸付信託）9．633％（8.02％・・・貸付信託5年物年利率）、とは、信託銀行の取扱商品です。1万円以上1万円単位。預入期間は5年。変動金利。実績配当等であるが、実際には予想配当率が示され、その通りの収益配当金が決算時に支払われる。1年間は換金できず、満期時一括課税となり、税の繰り延べ効果が得られる。


↓「ワイド」について説明します。

ワイド（利子一括払込型利付金融債）9．606％（8.00％・・・利付金融債5年物年利率）とは、みずほ、新生銀行、あおぞら銀行、商工中金、農林中金などで取扱。1万円以上1万円単位。半年複利、利払いは満期時に一括。預入期間は5年。

第15章　人の役に立つ人生

確定拠出年金

平成13年9月になった。

休みの日の夕食は、家族が揃って食事をすることにしている。食卓を囲みながら、幸男が、

「来週の水曜日に、会社で確定拠出年金の説明会がある」と10月に法律が施行される確定拠出年金の話を持ち出した。

陵子がわかりやすく説明すると、幸男も昌子も目を丸くした。そこで陵子が思いきって宣言した。

「お母さんは、これから金銭教育・投資教育の専門家になろうと思うの」

「専門家って、そんなに簡単になれるものじゃないよ」

「もちろんそうよ。そんなに簡単に専門家にはなれません。しかし勉強して3年後には金銭

教育の本を出してみたいと思うの」

陵子は新たな目標の設定を家族の皆に公開した。

「ＦＰには税理士とか、社会保険労務士など資格を持っている人や、銀行、証券など金融の専門家、不動産の専門家などがたくさんいるでしょ。これからＦＰとしてやっていくためには、自分は何が専門なのか、何が得意なのかというものをしっかりと作っておかなければだめなの」

昌子も、

「お母さん、またこれから勉強」

と少しびっくりした表情で問い掛けた。

幸男もきく。

「本の出版なんてすごいな、だけど難しいだろうな」

「そうよ。本を出すには、相当勉強するようです。しかしＣＦＰの米山さんから奨められ、3年後と言うことで約束したの」

幸男は感心している。

「金銭教育、投資教育はこれから必要なことなので、お母さんにとっても、自分の失敗を生かすことができるね」

「そうなの、自分の経験からわかったことは、金銭に対する無知から、他人に頼り、自立が出来なかったということ」

陵子の今までの人生を振り返ると、子供の頃からお金にはなに不自由なく暮らしており、結婚してからは主人に頼り、主人亡き後は自分では何も勉強もせず、すべて証券会社にお任せをしてきた結果、大変な苦労を10年間も抱えてきたのである。

したがって、小さい時からお金や投資に対する教育を受けていたら、違った人生を歩んでいたかも知れない。

だからと言って、現在後悔してはいない。

大変な思いをしたが、結果として生きがいを見出し、いま夢を実現しようとして動き出したところである。

さらに陵子が言った。

「金銭教育・投資教育の大切さを理解し、日本人の金銭感覚を見直すことから始めたいと思う。単に知識として学ぶのでなく、実践で活用できることを機会を捉えて教えていきたいの」

幸男が頷いた。

「この間5回のシリーズでセミナーをやったので、すこしは自信がついた？」

「いいえ、まだまだ。米山さんはセミナーを１００回やってはじめて1人前とおっしゃっていました」

「ほうー。そんなに経験しないと1人前として認めてもらえないんだ」

「そうですよ。そんなに簡単ではありません」

失敗を恐れてはいけない。リスクを恐れてはいけない。世の中は失敗の連続である。失敗を糧に成功がある。

セミナー100回とは、失敗を重ねることによって成功につながる、という固い信念を陵子はFPの米山から教えられていったのである。

「お母さん、この1年半、毎日、日経新聞を読んで、株式を少しずつ購入していったおかげで、少しは経済とか、金利、為替などの動きとかが理解できるようになったの」

幸男がうれしそうに言った。

「僕も毎日、日経新聞は読んでいるが、お母さんの方がはるかに経済の知識があるね」

「いいえ、決してそんなことはありません。しかし自分の判断で株式投資をしていると、株価はあらゆる経済の動きに敏感に反応していますから、自然と景気や経済の動きが理解できるようになると思うの」

昌子も続ける。

「毎日よく新聞を読んでましたね。電卓をたたいて計算もしていたみたい」

「計算をしながら、少しずつ株式を買っていったのですが、気がついたらずいぶん増えている」

幸男が聞いてきた。

「どのくらい持っているの」

「そうね、ミニ株式ですから金額的にそんなに多くはないけれど、１００銘柄は超えたと思う」

「そんなに銘柄がたくさんあると、管理が大変でしょう」

と心配の様子。

「いいえ、上がっても、下がっても売ったり買ったりしないから、銘柄が多くても心配ないの。ただもう少し買っておきたいと思っているので、新聞やテレビは見ています」

幸男が言った。

「まだ買うつもり。もうそのくらいにしておいたら」

「まだ少しお金があるの。預金しておいても仕方ないでしょ。しかしこんなに銘柄があると、投資信託と同じで、証券会社のファンドマネージャーになったようだわ」

陵子はミニ株式の売却の時期は、景気がよくなって、金利が高くなり、利回りが計算できる段階となった時点を考えており、売却後は長期の固定金利の商品にしようと考えている。


↓「ファンドマネージャー」について説明します。

ファンドマネージャーとは、資産運用を行う機関に属し、自らの判断で運用方針や投資対象を決定し、委託された資産を運用する担当者。広義には年金基金、信託財産、投資信託財産などの運用を行う。特別な資格要件はないが、専門知識以外にも的確な判断、迅速な行動が要求される。

金銭教育・投資教育

現在日本で一番遅れているのが金銭教育・投資教育と言われている。

金銭教育は単にお金に対する知識だけではない。

寄付やボランティアも金銭教育の一環として考えられる。これは社会のためだけではなく、自己の確立に影響を及ぼす。

「日本では学生もアルバイトをするが、遊ぶお金としてであり、学費に当てようなんて考えていない」と家族で以前、話しをしたことがある。

「日本では高校や大学の学費は親が出すのが当たり前でしょ、しかしアメリカでは裕福な家庭でも、大学の費用は子供が自分でアルバイトをして、学費に充てる家庭が多いの。日本とアメリカとの大きな違いは、アメリカでは子供自身が自立と言う点に、強いこだわりをもっているの。つまり金銭に対する考え方が、自立をもたらす基本になっている。日本では今まで家庭でも学校でも、お金の話は出来なかった」

「日本ではそうだな。家庭でもそうだったが、学校でもお金の話はタブーだ」

「しかし、最近は学校においても金銭教育・投資教育の必要性が高まり、中学校の先生などが証券取引所を見学したり、休日を利用して株式などの勉強するように変ってきている」

「ほう、じゃーユリ子も中学生になると、家で株式の話なんかするようになるんだ」

「そうですよ。だから親もしっかりと投資の勉強をしないと、子供に教えてもらうようになりますよ」

「そりゃー大変だ。子供からお父さんこの株式買いだよ、なんて言われるのかな」

陵子も笑い、幸男も昌子もみないっせいに笑いだした。

わが国においても金銭教育、投資教育に関して積極的な動きが出ている。
金融広報中央委員会が出している小冊子に「中学生のためのマネー入門」がある。
Step1．ニーズとウォンツ（欲しいもの、買いたいもの）。
Step2．マネー　お金の種類他、
Step3．カード　中学生とクレジット他、
Step4．ドリーム　お金の上手な使い方他、
以上のような内容であるが、金融や経済、契約やカードなどに関する基礎的な知識を身につけ、消費者として主体的に判断し、行動することが求められている。
また別の小冊子に「経済は連想ゲームだ」というのがあり、そこでは連想ゲームの感覚で経済、金融を見ていこうとやさしく解説している。

高校生を対象とした金利と為替相場、株式相場の動きを連想ゲームのように想い起こしていくものである。

金融や経済現象は一見自分たちの生活に関係がないように思われているが、めぐりめぐってすべて自分たちの生活や家計に、大きな影響を及ぼしていることが理解できる。

日本証券業協会や証券広報センターなどでも高校生のための小冊子、「日本経済を支える株式会社制度と証券市場」を出して、株式会社の仕組み、株式会社の資金の集め方、証券市場の役割などについて解説している。

またNPO法人　エイプロシス（証券5団体による証券知識普及プロジェクト）では、大学生の投資クラブの育成や投資教育の推進を行っている。

このように日本においても各種の団体が学校教育においても、その普る力を入れてきている。

➡「日本の貯蓄と投資」について説明をします。

（以下「円の支配者」リチャード・A・ヴェルナー著より）、

「日本では、従来から古い文化に根ざした経済体制で、株式などリスクを伴うものは好まれず、貯蓄中心の民族であるといわれているが、戦前はまるっきり違っていたのです。

戦前、1920年代の各企業の株主の比率をみると、個人株主が50％を超えていました。

また戦前は貯蓄率が低く、消費が80％と国内総生産の最大部分を占めていました。また雇用制度を見ても、終身雇用も年功序列もなく、企業は中途採用を頻繁に行い、従業員も転職を当然としていました。

そんな時代が日本にもあったのか、と以外に思う人もいるかと思われますが、現在のアメリカと変わらない状況があったのです」

日本の高貯蓄率は、1938年の貯蓄率30％を目標とした、国を挙げての貯蓄奨励策によっている。

その結果、今では個人の金融資産の60％近くまでが預貯金となったのである。

しかし、60数年かけた貯蓄優遇政策から、ようやく投資優遇政策に国の方針が転換したのである。

ペイオフの実施、証券税制の改革、老人のマル優廃止、確定拠出年金制度の創設など、一連の制度の変更にはっきりと現れている。

アメリカの投資教育は、「すべての国民にとって、豊かな人生を送る上で必要不可欠なもの」との認識が確立している。

国民各層に対して様々な団体、企業から提供されている。

特にNPO（非営利組織）の活躍が中心となっている。

小学校高学年から中学校にかけて、証券市場の学習が始まる。

株式市場の仕組み、株主とは、そのリスクについて、企業の業績の見方など、資本主義の原点である株式会社についての知識は必要とされている。

世界を相手に競争をしていく中で、日本は金銭教育、投資教育がおろそかになっていたため、投資の世界においては、日本はカモにされている。

日本が買いに出たら売れ、というのが世界の合い言葉と言われている。

実際に世界各地の土地を高値で掴んだり、アジアにおいて株式を買い出した時も高値であり、結局ババを掴んでいる。

世界でも有数の教育水準の高い国でありながら、悪質商法に簡単に引っ掛かるのも、金銭教育の欠如の表れである。

しかし一方で、お金に付いて注意しなければならないことは、

「お金でことをすませる」

「お金で価値が決まる」

このような考え方にならないように、お金の魔力についても触れる必要があると陵子は考えている。

陵子はセミナーの壇上から強く声をあげた。

「老後の不安を取り除くためには、しっかりとライフプランを立てることが必要となります。そのライフプランに基づいて、楽しい生活が出来るような、お金の使い方を考えていくことです。

お正月の福袋に長蛇の列が出来る。中味が何か分からないがとにかく得するようだと思っている。

プロ野球の優勝セールに行列が出来る。とにかく安いようだという印象を与えている。ナント行列することの好きな国民なのでしょう。

しかしこれも生活していく上での楽しみである。ということかも知れません。

ブランド品ではないが、右を見て皆と同じに、左を見てまた皆と同じに、と行動することも必要かも知れませんが、自分にあった生活、趣味、を持ちたいものです。

国内や海外への旅行もよいであろう。海外でのロングステイなども、現地の人々との交流を通して、老後の人生を楽しむ一つの方法です。

子供に金銭を残すのではなく、お金についての教育を残すことが大切である、と訴えていきたいと思っています」

あとがき

この小説は16年前に書き上げたものであるが、現代の世相に合わせて書き直した。

小説を手掛けたきっかけは、当時ＳＧ勉強会における可児俊信さん（現在、千葉商科大学会計大学院教授）の「誰かテレビドラマの原稿を書く人はいませんか？」との一言。

当時はまだＦＰに対する認知度は低く、テレビのドラマ化は広く世間に知らしめる良い機会になると思い手掛けてみたいと思った。

アメリカでは、友人に医師、弁護士、ＦＰを持つことをステータスとしており、ＦＰの存在は社会に十分認められている。

当時の日本においてＦＰはまだ国家資格として認められておらず、職業として活躍する者も出てきているが、まだまだ歴史が浅く社会に十分その存在は認められていない。

出来上がった原稿をテレビ局に持ち込んだところ、具体的にドラマ化の方向に進み、日程、脚本家の紹介、配役などの設定などが行われたが、制作費の関係で没となった。

各家庭で日常的に起こる諸問題について、たとえば家計の管理、生命保険の見直し、マイホームの購入、税金や相続税対策、事業承継、老後の生活設計、金融商品の知識や資産運用など、専門的な知識や経験に基づいて的確なアドバイスを行い、あるいはサポートすることを職業とするFPに対するニーズは今後次第に高まることが予想される。

本書は、巨額の損失を被り裁判にも負け、死の淵をさまよった一主婦が、人生を失敗のままで終わらせたくない、すべて自分自身の無知から生じたことで、この失敗を糧に金銭教育・投資教育の重要性を認識し、自分の立ち直りのきっかけとなったFPの社会的なニーズを見出し、自らFPとなり、その職業の実像を紹介していく経済小説である。

株式投資に傷ついた人たち、あるいは株式投資に積極的に慣れなかった人たちのために、株式投資を前向きに捉える一つの指針を与えている。

また、経済小説の形をとりながら、投資の指南書として随所に「解説」を入れている。したがって小説であるが、「小説風ケーススターディ・投資指南書」としての体裁をとっている。おそらく書籍としては、大変珍しいスタイルかと思われる。

FPのアドバイスとして、専門用語がたくさんでてくる。たとえば資産運用に大切な「分散投資」という考え方を、ミニ株式投資を通じて取り上げている。

また銘柄選択の基準としてＰＥＲやＰＢＲなど、しかし、それらは単なる言葉の説明ではなくストーリーの展開の中で語られているため、難しい専門用語についてもすんなりと頭に入っていくものと思われる。

また〝人の行く裏に道あり花の山〟という格言や、行動ファイナンスという投資に大切な心理にも言及している。

ストーリーを楽しみながら、専門用語についての解説、運用のノウハウを学ぶことができる初めての試みの著書といえる。

ＦＰ資格は、取りたい資格のナンバーワンに取り上げられている。

最近大学の中にも就職支援課やキャリヤサポート課などを設け、積極的にＦＰ資格の取得を奨励し、また多数の学生が学んでいる。

授業のカリキュラムに取り込む大学もあり、その意味では、若者から中高年まで幅広く関心が高まっているといえる。

これからＦＰを目指す人にとってＦＰとは何か、どのような仕事をしているのか、自分にも取得できる可能性があるのかなどの疑問点について、資格の取得方法、ライフプランの作成の仕方などにも触れており、ＦＰの業務や、専門職としてのＦＰを身近に感じることができることと思う。

また、既に資格を取得している人にとっては、ただ資格だけ取得すれば良いと言うことではなく、社会の変化はめまぐるしく、新たな法制度の改正、金融商品の多様化などに対処すべく、継続教育の重要性についても触れている。

さらに独立する場合の不安・疑問点や道筋を求めることができ、FPという職業の内幕を覗くとともに、FPという職業をより理解できることと思う。

人生100年。主婦や中高年の人たちも、やればできるという意識を持つと同時に、「人生を重ねていろいろ経験を経た人、これは太陽にたとえるなら夕日にあたり、この夕日は朝日ほど美しい」sunset is as beautiful as sunriseという言葉を引用し、中高年のパワーを夕日の輝きに見立て「生きがいを持って楽しく老後を過ごすことが大切」としている。

新型コロナウイルスの感染拡大に伴い、人々を取り巻く環境が急激に変化した。ビジネスや世界経済においても、収入が減少した業界があれば、反対にコロナ禍により収益を上げている業界もある。このような状況の下で私たちに必要なことは、自分自身を守ること、つまり自分自身で資産形成を行う必要がある。

資産形成のアドバイザーとしてFPの存在がある。FPとして真に求められるものは、人生を重ねていろいろな体験を経た人の言葉である。

特にアドバイスに際して大切なことは、成功体験よりもむしろ失敗体験にあると思う。巨額の損害を被った一主婦の、奈落の底から再生へのドキュメントであり、絶望してはいけない、困難を乗り越え、努力して克服すれば、快い青空が望めることを示している。

現在の日本が、他の先進国に比べて一番遅れているのが「金融教育」だと言われている。社会の動向はただちに経済に反映して、景気の波となって揺れ、個人はその揺れに無縁で生きることはできない。

となると必要なのは経済・金融に対する知識であり、自分の人生の目的をかなえ得る資金を持つためのプランである。

かつて、金さん銀さんが、テレビのコマーシャルで得た収入を「何に使いますか？」と質問されて「老後が不安だから貯蓄しておく」と答えた話は、現代の日本を象徴している。

ＦＰがより身近な存在となり、人々がもっと目的意識を持ち、それにそった資産作りに向かうようになったとき、日本人は百歳にしてなお、老後の不安に捉われずに済むようになるのではないか。

「お金で価値が決まる」といった誤った見解を恐れ、日本では金融教育は長年タブー視されてきた。

しかし、人生を充実させるためには改めて金融教育の重要性を正しく認識しなければならない。

「貯蓄から投資へ」という言葉が出てから久しくなるが、ようやく「資産形成」という言葉と共に、実現の運びに向かっている。

国を挙げての取り組みとして、ＮＩＳＡ、つみたてＮＩＳＡ、個人型確定拠出年金（ｉＤｅＣｏ）など、次々と非課税商品が登場することにより、若年層からリスクに対する考え方が前向きとなってきたことは大変喜ばしい状況と言える。

人生１００年に対する資産運用ということで、高齢者の意識も変化せざるを得なくなった。アメリカの資産運用に際して、リスクの取り方は、１００から自分の年齢を引いた数が、リスク商品に対する投資と言われている。

つまり70歳であれば、１００マイナス70＝30。金融資産の30％をリスク商品で運用するということである。

本書を、単なる経済小説としてではなく、高齢者から若年層までの資産形成上の指南書として随所に解説を入れましたので、「小説風ファイナンシャル・プランナーの資産形成指南書」として利用していただければ幸いである。

本書の執筆にあたり、尽力くださったファイナンシャル・プランナーの吉川進様と叢文社の佐藤代表に感謝したいと思います。

令和3年1月

石森　久雄

著者/石森久雄（いしもり・ひさお）

1941年生まれ。証券会社で支店長、投資信託部長などを歴任
日本ＦＰ学会会員。１級ファイナンシャル・プランニング技能士（ＣＦＰ）
2002年より14年間、エイプロシス（日本証券業協会）の証券カウンセラーとして、公共機関、一般、学生対象に経済・金融知識の普及に専念
2002年より東京都金融広報アドバイザー
放送大学非常勤講師、長崎県立大学ＦＰ課外講座講師、神戸学院大学法学部外部講師などを歴任。日本大学商学部特殊講義講師
主な著書に『ＥＴＦ（上場投資信託）の授業』（中経出版），『ＮＩＳＡ・はじめての投資』（監修 中経出版），『確定拠出年金』（KADOKAWA），『刑務所で世の中のしくみを教える』（府中刑務所 生活設計・金融講座　芙蓉書房出版）など、その他金融関係の著書、冊子等多数
金融担当大臣・日本銀行総裁連名の「平成21年度金融知識普及功績者表彰」
内閣府特命担当大臣より「平成27年度消費者支援功労者表彰」等の受賞

ＦＰ（ファイナンシャルプランナー）陵子《りょうこ》の相談室《そうだんしつ》
貯めるお金、使うお金

発　行　二〇二一年四月一日　初版第1刷

著　者　石森久雄
発行人　佐藤由美子
発行元　株式会社 叢文社
〒112－0014
東京都文京区関口一－四七－一二江戸川橋ビル
電　話　〇三（三五一三）五二八五
ＦＡＸ　〇三（三五一三）五二八六

印刷・製本　株式会社 丸井工文社

定価はカバーに表示してあります。
乱丁・落丁についてはお取り替えいたします。

ISBN978-4-7947-0819-9